btb
Aus Freude am Lesen

Eine Frau ist in Istanbul auf der Suche nach der Mitte der Welt. Was sie findet, sind Geschichten von Menschen, die dort leben: von Alteingesessenen und Neuzugezogenen, von Pionieren, die vergangenen Zeiten nachtrauern, und Glückssuchern, die sich eine Zukunft erhoffen in der Stadt, wo das Gold angeblich auf der Straße liegt. Geschichten von Künstlern und Schriftstellern, von Gemüsehändlern und Antiquitätenverkäufern, von einem Gefängnisarzt, der Ulysses liest, von einem Professor, der gleichzeitig Vermieter ist, von einem Taxifahrer, der die falsche Partei wählt, von einer Fee, die einstmals vom Schwarzen Meer kam. Und vom Geliebten, der die Geliebte Granatapfelblüte nennt – und zum Ende hin fragt: Wirst du später einmal, wenn du über Istanbul schreibst, auch über uns und unsere Liebe schreiben? Und auch von jener Übersetzerin, die weiß: Wer über andere schreibt, sagt am meisten über sich selbst! Ein Buch über Istanbul, über das Schreiben und über die Liebe, »die eben doch sterblich ist; nur in der Erinnerung ewig – oder in Geschichten, falls sie gelingen«.

Ursula Priess, geboren 1943 in Zürich, Studium der Literaturwissenschaft. 1966 Wegzug aus der Schweiz, Ausbildung und Arbeit als Heilpädagogin in Schweden, Schottland, Süd- und Norddeutschland. Mitgründerin verschiedener Initiativen (u.a. heilpädagogische Schule in Kiel, sozial-therapeutische Lebens- & Werkgemeinschaft in Lahore/Pakistan). Mutter von vier Kindern. Mehrere Reisen in Europa, Indien und Pakistan, und in die Türkei, wo sie sich längere Zeit niederließ. Heute lebt sie in Norddeutschland und in Berlin. 2009 erschien ihr vielbeachtetes Prosadebüt »Sturz durch alle Spiegel«.

Ursula Priess bei btb

Sturz durch alle Spiegel. Eine Bestandsaufnahme (74120)

Ursula Priess

Mitte der Welt

Erkundungen in Istanbul

btb

MIX
Papier aus verantwortungsvollen Quellen
FSC® C083411

Verlagsgruppe Random House FSC-DEU-0100
Das für dieses Buch verwendete
FSC®-zertifizierte Papier *Lux Cream*
liefert Stora Enso, Finnland.

1. Auflage
Genehmigte Taschenbuchausgabe Februar 2013,
btb Verlag in der Verlagsgruppe Random House GmbH, München

Umschlaggestaltung: semper smile, München
Umschlagfoto: Ursula Priess
Druck und Einband: CPI – Clausen & Bosse, Leck
UB · Herstellung: sc
Printed in Germany
ISBN 978-3-442-74500-5

www.btb-verlag.de
www.facebook.com/btbverlag
Besuchen Sie auch unseren LiteraturBlog www.transatlantik.de.

Für Gemma, Katharina, Martin, Johannes

Deli eder insanı bu dünya
Bu gece, bu yıldızlar, bu koku
Bu tepeden tırnağa çiçek açmış ağaç

Orhan Veli Kanik (1914–1950)

Verrückt macht den Menschen diese Welt
Diese Nacht, diese Sterne, dieser Duft
Dieser vom Wipfel bis zur Wurzel ganz erblühte Baum

GLÜCK

Wenn ich gewusst hätte, was in Istanbul auf mich zukommt, wäre ich nicht nach Istanbul gefahren. Weil ich es nicht wusste, darum ging ich hin. Und weil ich es heute noch immer nicht weiß, bin ich immer noch hier. Weil so vieles hier so ungewiss ist.

Nicht einmal die Zahl der Einwohner ist bekannt; geschätzt werden elf bis dreizehn Millionen. Und täglich kommen neue hinzu, täglich mehrere hundert. Auch sie kommen, weil sie nicht wissen, was sie hier erwartet. Weil es heißt, auf Istanbuls Straßen liege Gold, du brauchest dich nur zu bücken zu deinem Glück. Die meisten, die hierherkommen, haben keine andere Wahl, als hier ihr Glück zu versuchen.

Ja, auch mein Glück liegt auf Istanbuls Straßen.

EIN WUNSCH

Diese Säule! Und auf Augenhöhe das Loch darin, wenig mehr als daumendick, ummantelt von messingenem Blech – wer seinen Daumen ins Loch steckt und die Hand dreht, streicht mit den Fingern darüber hin; da viele es tun, ist das Messingblech gelb glänzend, frisch poliert.

Sehr viele scheinen davon zu wissen und steuern, wenn sie durchs hohe Portal in den Hauptraum treten, sehr bald die Säule links hinten an.

Einen Hinweis, was es mit dieser Säule mit dem Loch auf sich hat und warum der Daumen hineinzustecken ist und die Hand herumzudrehen, gibt keiner meiner Istanbul-Führer. Stattdessen, versteht sich, woher der grüne Marmor für die einen Säulen stammt und woher der Porphyr für die anderen, welches die Einflüsse waren bei den mit flächig filigranartigen Akanthusblättern überzogenen Kapitellen usw.

Als ich, das erste Mal in der Aya Sofya, zu dieser Säule geraten war und, verwundert über die Menschentraube davor, stehen blieb, fragte ich mich, was sie von den anderen Säulen unterscheide. Worauf ein junger Mann mich ansprach, er sei Student der Kunstgeschichte und versuche sich etwas Geld zu verdienen, indem er Interessierten sein Wissen über diesen Ort weitergebe.

Oh, dann erzählen Sie mir von dieser Säule! Über sie steht nichts in meinem Buch.

Die Aya Sofya, das Wunderwerk ohnegleichen, war der Legende nach nur mit Gottes Hilfe zu bauen möglich, und auf sein Geheiß hat ein Engel sie, als Fatih Sultan Mehmet sie zur Moschee erklärte, in Richtung Mekka gedreht; das Loch in der Säule ist der Abdruck des kleinen Fingers des Engels, der diese Drehung vollbrachte. Darum, wer seinen Finger in den Engelsfingerabdruck legt und einmal ringsum dreht, dessen Wunsch wird wahr.

Im Gesicht des jungen Mannes, als er es erzählte, die Mischung aus Glauben und Nichtglauben – ich fragte, ob er der Macht des Wünschens misstraue. Sein Lächeln dann –

Ja, Sie haben recht, sagte ich, aufs Wünschen sich einzulassen kann sehr gefährlich sein – und dachte an jenen Mann, der mich, lang ist es her, verführt hatte mit seinem *Du darfst dir doch auch etwas wünschen!* Fatal, dass ich über den Nachsatz *Solange wünschen noch hilft!* hinweggegangen war.

Immer stehen Menschen dort bei der Säule und warten, bis sie dran sind mit dem Wünschen. Frauen oder Männer, jüngere, ältere, manchmal ganze Gruppen, auch gemischte.

Viele kommen, erkennbar an Kleidung und Sprache, anderswoher, aus größeren und kleineren Provinzstädten des Landes, um das einzigartige Istanbul einmal im Leben zu erleben. Auch Schulklassen kommen, Ausflug für einen Tag, von Tekirdağ herüber, von Bandırma, Bursa, Kocaeli und folgen, ein flatternder Haufen, ihren Lehrern und Lehrerinnen, die dozierend auf sie einreden und hierhin und dorthin zeigen, allerdings nie zur Säule; trotzdem scheinen viele der Kinder von der Säule zu wissen und laufen zu ihr hin.

Und all die jungen Leute, die sonst lachend und schnatternd durch die Stadt ziehen, verstummen, wenn sie der Säule näher treten; höchstens kichern sie noch und flüstern und tuscheln, aber wenn sie dran sind, ihren Daumen ins Loch zu stecken und mit der offenen Hand übers Messing zu gleiten, stehen sie stumm und hochkonzentriert, um nur ja ohne abzusetzen einmal rundherum zu gelangen und den Kreis ganz zu schließen – und gleichzeitig in sich hineinzutasten, zu jenem Ort hin, wo die Wünsche angesiedelt sind.

Touristen aus westlichen Ländern kommen nur, wenn Ortskundige sie hinführen und ermuntern zum Wünschen – was manche mutig wagen; andere winken ab, verunsichert, dass ihnen Wünsche zugetraut werden, oder ängstlich, falls sie sich erfüllten.

Von außen gesehen, als Baukörper, ist die Aya Sofya ein ziemlich unförmiger Steinhaufen, bar jeder Eleganz wegen der völlig überdimensionierten Stützpfeiler, später hinzugefügt, um den Druck der Kuppel auf die Mauern abzufangen; darüber waren wir uns einig, der junge Mann und ich.

Aber der Innenraum! Die phänomenale Lichtführung, die einzigartigen Lichtverhältnisse – es scheint der Raum von innen zu leuchten und die Kuppel zu schweben. Ja, ein Wunderwerk! Erbaut zu einer Zeit, als das Wissen um die Gesetze von Materie und Raum ein völlig anderes war und die heutige Statik unbekannt.

Nicht das Bauwerk mit all seinen kostbaren Details macht diesen Ort zu dem, was er ist, sondern der Raum selbst: ein *corpus politicum mysticum.*

Nicht verwunderlich, dass spätere Generationen das Wunder zu ergründen versuchten, zu verstehen, zu errechnen und weiterzuführen, allen voran der geniale Meisterarchitekt Mimâr Sinan. Und verständlich, dass der Eroberer, nachdem diese Stadt seine geworden war, als ersten Ort die Hagia Sophia betrat und sie zur Hauptmoschee seines Reiches machte.

Ebenso verständlich, dass Mustafa Kemal nach der Gründung der Republik den Ort zum Museum erklärte, um ihn aller Transzendenz zu entkleiden und gleichzeitig ihm jeden Anspruch auf irdische Machtentfaltung abzusprechen.

Leichtes Tippen auf meiner Schulter – eine junge Frau, lächelnd, weist zur Säule hin: Sehen Sie, niemand mehr ist dort!

Ich danke für den Hinweis und schaue ihr nach, wie sie zusammen mit anderen jungen Frauen den von Lichtfahnen erfüllten Raum durchquert; und wende mich der Säule zu, schaue aufs schwarze Loch und in mich hinein – und plötzlich, durch mich hindurch, ein ungeheurer Sog, der Raum hinter mir, er dehnt sich, bläht sich auf –

Ja, das ist sie, die Zeit im Raum! Reine, pure Potenz, frei von allem Gewesenen, frei für alles Kommende.

Mein Wunsch jetzt –

EIN WUNDER

Über Nacht ist Schnee gefallen. Die Straßen, die Dächer, die Kuppeln – weiß!

Verzaubertes Istanbul.

Die Stadt nur mehr als Grafik, filigranartig unplastisch, fast unwirklich.

Vor allem die Kuppeln: ihr rundes, prangendes Weiß vor den diversen Grautönen von Stadt, Wasser und Himmel.

Gestern Abend schon roch es nach Schnee.

Ja, ich weiß, Schnee kann es hier geben. Gibt es sogar ziemlich oft, höre ich, jeden Winter einige Male. Nicht ungewöhnlich also, dass es geschneit hat über Nacht.

Nicht einmal knöchelhoch liegt er, drei Finger dick, handbreit höchstens, aber es reicht, sehe ich vom Fenster aus, dass der Verkehr auf der breiten Uferstraße nur noch stockend vorankommt; und die steile Gasse hinter Tophane ist unpassierbar geworden, blockiert von kreuz und quer steckengebliebenen Autos, die mit hochtourig aufheulenden Motoren und durchdrehenden Rädern sich in den Schneematsch hineingefressen haben und seitlich weggerutscht sind.

Lange wird es nicht dauern. Von den Ästen der großen, alten Platane fällt schon Schnee ab in Klumpen, und von den Kuppeln rutschen an den steilen Stellen ganze Placken, so dass dunkles Zinkblech absticht vom Schneeweiß. Der Zauber wird bald zerrinnen. Bald wird Istanbul wieder sein wie vor dem Schnee.

Aber noch liegt er. Noch hält das Wunder an.

EIN WORT VON GESTERN

Heute wäre ein Tag, um ins Hamam zu gehen!

Draußen die Wolken hängen so tief und schwer und nass, dass das asiatische Ufer nur ein trüber Schatten ist, Aksaray ohne Kuppeln und Minarette, und Galata mitsamt Turm ganz verschwunden.

In wohlig warmen Dampfwolken zu liegen müsste herrlich sein heute!

Wenn der Wind durch die Fensterritzen hereindrängt und die Heizung nichts vermag gegen ihn, gehe ich, mit leuchtend rotem Schal um Kopf, Hals und Schultern, gegen die Kälte an. Die feuchte, dunkle Kälte von Poyraz, dem Nordostwind, der, gesättigt von den Nebelschwaden des Schwarzen Meeres, in die Stadt hereinbläst und auf Bosporus und Marmara Meer schaumgekrönte Wellen vor sich herjagt. Oder die klirrende Kälte von Yıldız, dem Nordwind, die alles Leben verstummen und erstarren lässt.

Um warm zu werden in diesen Wintertagen, gehe ich immer sehr rasch, meistens dem Bosporus entlang, oft bis zur Molla Çelebi Moschee, manchmal weiter bis nach Ortaköy oder sogar bis Arnavutköy.

Heute bläst kein Wind, nicht ein Hauch von einem Wind. Die Wolken hocken dicht und schwer auf der Stadt und drücken Rauch und Abgase zurück in die Straßen, und du meinst, du kriegst keinen Schluck Luft in die Lunge. Um aber warm zu werden, musst du schnell gehen, und um schnell gehen zu können, musst du tief Luft holen.

Ja, heute ist wirklich ein Tag fürs Hamam!

Die verlockende Vorstellung, von Fuß bis Kopf massiert, in Tücher gewickelt, Tee trinkend, plaudernd, träumend, dösend den trüben Wintertag zu vertun –

Wen könnte ich anrufen, ob sie mit mir ginge?

Damals, als ich bei S. im Kreis einiger ihrer Freundinnen sagte, dass ich noch nie im Hamam war, aber hinzugehen große Lust hätte, mich jedoch nicht traue allein, weil ich nicht wisse, was ich von all den Schauergeschichten glauben solle – ich hätte gehört und sogar gelesen, im Hamam würde einem nicht nur die Haut vom Leib geschrubbt, sondern das Fleisch so durchgewalkt, dass es fast von den Knochen falle –: schallendes Gelächter.

Ja, sagte eine, die Europäischen mit ihrem Rühr-mich-nicht-an-Verhältnis zum eigenen Körper!

Eine andere sagte: Schon möglich, dass sie die aus Europa besonders walken.

Oder, sagte eine dritte, die können sich nicht in die Hände der massierenden Person geben, nicht verwunderlich also, dass es ihnen zur Tortur wird!

Ob eine bereit sei, mich in die Kunst dieser Art von Hingabe einzuweihen.

Wieder lachten sie alle; und eine sagte, sie würde lieber zu Hause duschen und sich pflegen.

Ob es heute nicht mehr üblich sei, unmodern sozusagen.

Einige nickten, andere lächelten.

Nein, unmodern nicht, sagte S., nur eben dass für uns

nicht diese prickelnde Exotik damit verbunden ist. *Hamam*, auch das ist doch eines dieser Bilder, die sie sich in Europa machen vom »Orient« – gleich nach *Harem* kommt *Hamam*, faszinierend und schaurig zugleich, ist es nicht so!

Die Frau, die neben mir saß, legte ihre Hand auf meinen Arm: Hör nicht auf sie! Ihre Zunge ist scharf, insbesondere gegen Europa.

S. lachte ihr herrisches Lachen und gab zurück: Wer kennt Europa besser, du oder ich? Und zu mir gewandt: Die europäischen Menschen, sie lieben es, sich im »Orient« zu spiegeln, stimmt's etwa nicht?

Ich nickte und versuchte zu lächeln; und fragte, wer heutzutage, außer Touristen, noch ins Hamam gehe, ob jene, die zu Hause kein Bad hätten.

Nicht unbedingt. Manche mögen es und gehen hin. Die meisten aber haben einfach nicht die Zeit, einen halben Tag auf der faulen Haut zu liegen.

Wieder fasste mich die neben mir am Arm: Oft ist es auch sehr schmutzig im Hamam, glaub mir, das Hamam ist nichts für dich!

Eine, die bis jetzt zum Hamam geschwiegen hatte, sagte nun, sie jedenfalls gehe oft ins Hamam, besonders im Winter möge sie es, ganz und gar aufgeweicht und durchgewärmt und -geknetet zu werden. Und den Winterdreck, den du mit Duschen allein ja nie ganz weg bekommst, Ruß und Kohlenstaub und was sonst noch alles dir in den Poren sitzt, wirst du wirklich los. Ich kann dich mal mitnehmen. Nächsten Samstag zum Beispiel könnten wir gehen, am Freitagabend telefonieren wir.

Am Freitagabend rief ich sie an, wann wir uns wo treffen sollten.

Leider passe es ihr dieses Wochenende nun doch nicht, aber nächstes ganz bestimmt.

Am nächsten Freitag rief ich wieder an – warum sollte ich nicht anrufen, wir waren ja verabredet!

Tue ihr leid, dass ich so fest damit gerechnet hätte; beruflich müsse sie für zwei Tage nach Ankara, völlig überraschend, aber ganz bestimmt würde sie mich mitnehmen, wenn sie nächstes Mal ins Hamam gehe, kommende Woche vielleicht, sie rufe mich an.

Sie rief nie an.

Auch ich rief nicht mehr an.

Und so bin ich Hasenfüßige aus Angst, dass mir mein seidiges Fell über die Ohren gezogen würde, bis heute nicht im Hamam gewesen und weiß noch immer nicht, wie wohl oder weh es tut. Aber ich weiß: Ein Wort ist ein Wort ist nur ein Wort, und was ist schon ein Wort von gestern angesichts von heute!

PLAUDERN AUF DEUTSCH

Hoch oben im achtzehnten Stock vom Marmara Hotel, mit Panoramablick über das stumpfgraue Häusermeer und die in winterlicher Sonne glitzernden Wasser von Bosporus und Goldenem Horn, sitzen wir, Frauen unterschiedlichen Alters, und feiern Advent mit Filterkaffee, Frucht-Sahnetorten und Geplauder – auf Deutsch.

Neben der deutschen Sprachherkunft ist uns fast allen gemeinsam: die Liebe zu dieser Stadt mit ihren vielen verschiedenen Menschen.

Die meisten der Frauen sind verheiratet hier, verlobt, verliebt oder sonst wie gebunden in aus- oder inländischen Diensten, manche seit langem, eine schon seit über vierzig Jahren. Heute Nachmittag aber haben wir uns freigenommen, von was auch immer.

Immer an Weihnachten habe sie Heimweh, sagt eine der Frauen, das ganze Jahr über nicht, aber wenn Weihnachten nahe, müsse sie an zu Hause denken.

Verständnisvoll nicken einige am Tisch. Ich nicke mit und frage nicht: zu Hause wo? Sondern, was auch sie mich fragen: wie viele Kinder, welcher Beruf, seit wann und so weiter.

Später singen wir Advents- und Weihnachtslieder, ein Lied nach dem anderen, sämtliche Strophen durch, die ganze fotokopierte Liedersammlung. Natürlich singe ich mit, die meisten Lieder kenne ich – warum sollte ich nicht mitsingen!

Aber während wir singen, plötzlich doch: Träumst du, oder was ist das hier? Und: Warum gehst du nicht?

Singen geht nun nicht mehr, aber Gehen auch nicht. Ich flüchte, während immer noch ein Lied gesungen wird und noch eins, in die Rolle der Zuschauerin – und sehe die Frauen nun anders; und dass die Augen einiger feucht sind. Ja, Migrantinnen, auch sie!

Als das Singen endlich doch ein Ende hat, sagt eine der Frauen: Ach, wär ich doch bloß dort geblieben!

Wo?

In Düsseldorf.

Sind Sie nicht gerne in Istanbul?

Man gewöhnt sich dran, sagt sie und seufzt. Woran sie sich gewöhnt hat, sagt sie nicht. Aber ich sehe, ringsum wird genickt.

Ich kenne Düsseldorf nicht, frage, ob es schöner sei als Istanbul.

Das wissende Lächeln der Frauen um mich herum und das Seufzen einiger: Ach wissen Sie –

Ich liebe es, in Istanbul zu sein, sehr sogar, sage ich, entschlossen, mir meine Liebe nicht nehmen zu lassen.

Ach, wenn Sie erst einmal dreißig Jahre hier sind, sagt die aus Düsseldorf und seufzt wieder, und führt ihren Satz wieder nicht zu Ende.

Ich aber, zum Glück, bin nicht mehr gebunden; und also frei für Istanbul!

AUF DEN STRASSEN DIE MENSCHEN MIT IHREN GESICHTERN

Die Gesichter der Menschen auf den Straßen, die schönen, die hässlichen, die jungen, die alten, die städtischen, die ländlichen –

Nein, darum geht es nicht. Es geht nicht um hässlich oder schön oder brutal oder müde oder trüb oder bleich oder finster oder heiter oder zierlich oder grob.

Auf meinen Gängen durch die Stadt schaue ich sie mir an, Tag für Tag, wie sie gehen und wie sie stehen, wie sie reden und lachen oder rufen und, selten, auch schreien; ihre Mimik, ihre Gestik, ihr Tonfall –

Die Menschen mit ihren Gesichtern – ich schaue sie in mich hinein, ich weide sie ab, ich verschlinge sie.

Fress ich ihnen die Seele aus dem Leib?

Ach nein! Ganz im Gegenteil!

Und wenn du keine Füße mehr zum Gehen hättest und keine Augen zum Schauen in dieser Stadt?

Noch kann ich gehen, wohin ich will in dieser Stadt mit ihren Menschen mit ihren Gesichtern, und noch gehe ich weiter und immer weiter durch sie hindurch.

Heute werde ich nach Kasımpaşa hinabgehen.

WASSER FÜR ISTANBUL

Ob mir Istanbul gefallen habe, fragt der Taxifahrer in radebrechendem Englisch, und, mit Blick durch den Rückspiegel, ob mein Urlaub gut gewesen sei.

Istanbul ist schön, versuche ich es auf Türkisch, und ich liebe Istanbul so sehr, dass ich hier sogar lebe; nur manchmal, wie zum Beispiel jetzt, muss ich nach Deutschland.

Sein Blick in den Rückspiegel, mich erneut taxierend – er fragt nicht, was sie sonst immer fragen, ob ich mit einem Türken verheiratet, auch nicht, ob ich Lehrerin sei.

Ich frage: Sind Sie Istanbuler?

Ja, geboren und aufgewachsen sei er in Kars, aber seit zwanzig Jahren lebe er hier.

So lange schon!, sage ich, Blickkontakt durch den Rückspiegel vermeidend. Und immer sind Sie also Taxi gefahren?

Ja, immer, die Stadt kenne ich inzwischen wie die Innenfläche meiner Hand.

Ach, *so* sagen Sie das im Türkischen!

Sein verwunderter Blick – er versteht nicht, wie ich es meine; also frage ich, wie sich die Stadt verändert habe in den zwanzig Jahren, seiner Meinung nach.

Jetzt endlich – der Taxifahrer dreht sich kurz zu mir um, in seinem Blick ist freudiger Stolz –, seit wir den neuen Oberbürgermeister haben, gibt es immer und überall in Istanbul Wasser! Er ist ein guter Mann, er hält, was er verspricht.

Ich zögere – was sollte ich darauf sagen.

Sie als Neu-Istanbulerin haben doch bestimmt gehört von seinem Wahlerfolg?

Ja, als Neu-Istanbulerin, sage ich – der Titel gefällt mir, wenn auch verliehen von einem, dessen Partei mir suspekt ist, weil sie, soweit ich weiß, das Paradies auf Erden verspricht –, ich habe natürlich gehört, dass er an die Macht gekommen ist, aber das mit dem Wasser wusste ich nicht. Wie schön, dass er geschafft hat, was keiner vorher schaffte: Wasser für Istanbul, immerzu und überall.

Worauf der Taxifahrer sagt, wieder mit Blick durch den Rückspiegel, nun voller triumphierendem Glück: Endlich ist einer an der Macht, der fürs Volk etwas tut, nicht nur in die eigene Tasche schafft.

Ich erzähle von Freunden, in deren Stadtviertel im vergangenen Sommer oft tagelang kein Tropfen Wasser aus dem Hahn floss; und dass mich für sie freue, wenn das Wasserwunder wahr würde. Aber, denke ich, noch ist nicht Sommer!

Der erwartungsvolle Blick des Taxifahrers durch den Rückspiegel – nein, weiter will ich nichts sagen. Ein Taxifahrer ist ein Taxifahrer, und ich, Gast in seinem Auto, bin abhängig von ihm. Stattdessen frage ich, welche Straße zum Flughafen er fahren werde.

Welche Strecke wünschen Sie?

Ich appelliere an seine Erfahrung, er möge beurteilen, welche um diese Uhrzeit am wenigsten verstopft sei.

Er dankt für mein Vertrauen. Es zeige ihm, nicht alle Ausländischen seien gleich, auch wenn er oft erlebe, dass Nichthiesige, vor allem die aus Europa, meinten, sie wüssten alles besser. Sogar auf Istanbuls Straßen! Und als er noch einmal zu mir nach hinten schaut, schenkt er mir ein fast brüderliches Lächeln. Auf mich können Sie sich verlassen, *ich* werde Sie sicher und schnell zum Flughafen bringen!

Mein Taxifahrer fährt nicht tranig oder hektisch, wie sonst fast immer auf Istanbuls Straßen die Taxifahrer fahren. Und was er erzählt, nachdem er nun auch noch mein Türkisch gelobt hat – na ja, wer tut das nicht in diesem freundlichen Land; trotzdem freut mich das Lob! –, ist weder doppeldeutig noch anmaßend, sondern schlicht, wie es war, als er mit seiner Familie nach Istanbul kam, und wie weit sie es bis heute gebracht haben.

Und als wir auf einer der neuen Schnellstraßen an Hügeln voller Hütten- und Häusergewurstel vorbeifahren: Schauen Sie, dort gibt es nichts, keinen Strom, kein fließendes Wasser, keine festen Straßen, absolut nichts!

Ich gestehe, dass ich noch nie in einem dieser Vororte war, und wie es sich dort lebt, kann ich mir kaum vorstellen. Er jedoch weiß Bescheid. Und während er mir vom Leben dort erzählt, nicke ich immer wieder bestätigend, obwohl ich nicht alles verstehe, sage mal: Ja!, und mal: Ach so! Und noch einmal kommt er auf den neuen Oberbürgermeister zu sprechen und zählt auf, welche Wohltaten er über die Stadt zu bringen versprochen habe und wie viel besser alles sein werde, menschenwürdig und gottgefällig; und in seiner Stimme klingt neben Triumph echte Überzeugung mit. Und auf sein abschließendes: Da er nun endlich doch an die Macht gekommen ist!, fällt mir nichts zu sagen ein. Er, denke ich, der nun an der Macht ist, wir werden ja sehen, was er wirklich kann; wirst schon sehen, *überall wird nur mit Wasser gekocht*, auch er wird nichts anderes können! Wunder nähme mich nur, ob dieses Wasser-Wort auch im Türkischen möglich ist, frage aber nicht, sondern schaue hinaus in die vorbeiziehende

Stadtlandschaft. Und gebe, sicher und pünktlich am Flughafen angekommen, reichlich Trinkgeld. Wofür der Taxifahrer sich mit offenem Blick und klarem *Gute Reise!* bedankt.

Aus schlechtem Gewissen gab ich ihm so viel, ich weiß; oder vielleicht ja nur, weil er mein Türkisch gelobt und mir den schönen Titel verliehen hat.

DIE FEE VOM SCHWARZEN MEER

Warum erzählst du so etwas?, fragt Hatice empört.

Du meinst vom Taxifahrer?

Ja, damit schmierst du doch Butter aufs Brot von Erdoğans Partei!

Butter aufs Brot, der Ausdruck gefällt mir, sage ich, sehe aber, Hatice versucht, die ihr übers Gesicht flammende Empörung zu verbergen, indem sie das Kopftuch abnimmt, sich die Haare aus dem Gesicht streicht und es neu bindet unter ihrem dicken, braunen Zopf.

Jede Woche, wenn Hatice bei mir ist, um meine Wohnung zu putzen, sage ich gegen elf: Hatice meine Fee, jetzt trinken wir Tee!

Und jedes Mal sagt sie, zum Putzen sei sie gekommen, nicht zum Teetrinken.

Pause muss sein, Hatice, deine Arbeit ist schwer, und erst recht heute, bei der Hitze!

Aber, sagt sie dann, dass du, meine Patronin, mit mir sitzt und Tee trinkst – keine der Damen, bei denen ich geputzt habe, schon gar nicht die türkischen, hätte das je getan.

Komm, sage ich und lache ihr zu und mache jedes Mal wieder denselben Scherz: Sogar in deiner Pause benutze ich dich noch zum Türkischsprechen mit mir!

Dann lacht auch sie.

Ich verstehe nicht, dass wir dieses Ritual immer wieder durchspielen müssen. Und sie versteht nicht, obwohl sie oft über ihr Ehefrauen- und Mutterjoch stöhnt, dass ich allein hier lebe, ohne Mann und Kinder. Dass ich auch in Deutschland von dem Mann, der Vater meiner Kinder ist, getrennt bin, sage ich ihr nicht. Später vielleicht werde ich es ihr sagen, wenn ich sicher bin, dass sie mich nicht mehr nur als Europäerin sieht.

Einmal erzählte Hatice, dass sie bei einer Französin geputzt habe, von der sie nicht wisse, was *die* in Istanbul mache. Dabei schaute sie mich an, nahm einen mit zuckersüßem Mandelmus gefüllten Blätterteigkringel, trank einen Schluck Tee hinterher und sagte dann: Aber Männerbesuch hatte sie! Als ich auf dieses Stichwort nicht reagierte, schüttelte Hatice den Kopf, schnalzte mit der Zunge: Eine schlechte Frau! Zu der gehe sie nicht mehr hin. Ömer, ihr Mann, habe es verboten. Und als ich dazu weiter schwieg, sagte sie entschieden: Aber du, du bist ganz anders!

Nun wusste ich Bescheid, was sie sehen will und was nicht. Und so sprechen wir jede Woche, wenn wir zusammensitzen und Tee trinken, über die Freuden und Leiden mit Kindern, Küche und *kocam*, dem Ehemann. Und jedes Mal, wenn ich ihr zum dritten Mal Tee und Gebäck anbiete, sagt sie, dass sie nicht so viel essen dürfe, sie werde dick und dicker. Wenn du wüsstest, wie hübsch und schlank ich früher war!

Du gefällst mir, so wie du bist!, sage ich dann und finde immer wieder erstaunlich, mit welcher Entschiedenheit sie abwehrt, unverführbar, trotz meines an Nötigung grenzenden Aufdrängens, was, wie ich weiß, zum Ritual gehört; aber später dann, wenn sie gegangen ist, sehe ich, dass sie in der Küche, während sie das Geschirr wusch, offenbar doch weitergenascht hat. Insistiere ich nicht genug? Oder vielleicht packt sie es ein für ihre Kinder, Marzipan und Schokolade aus Deutschland.

Seit neun Jahren lebt Hatice in Istanbul. Zusammen mit ihrem Mann kam sie, jungverheiratet damals, vom Schwarzen Meer, um hier Arbeit zu finden.

Aber, sagt sie, Arbeit finden hier ist sehr, sehr schwer, besonders für uns, die wir vom Dorf kommen. Im Dorf ist das Leben viel besser, die Luft ist gut und das Wasser auch, und im Garten wächst alles, was du willst – fast alle türkischen Gemüse- und Obstnamen habe ich von Hatice während unserer Teepausen gelernt –; in der Stadt gibt es nur Lärm und Gestank, die Kinder können zum Spielen nicht raus, viel zu gefährlich auf der Straße, und in die Wohnung scheint nie die Sonne herein, das ganze Jahr nicht.

Ihr Unverständnis dann, dass ich nach Istanbul gekommen bin, in diese schmutzige, stinkende Stadt; Deutschland sei doch viel schöner, und erst die Schweiz! Ihrem Bruder, der in Wettingen bei Zürich lebe, verheiratet mit einer Schweizerin, dem gehe es gut, sagt sie dann und schaut mich an mit ihren Augen so blau und rein. Die haben dort wirklich alles!

Manchmal, wenn mir die Glorifizierung des verlorenen Paradieses zu weit geht, frage ich, warum sie von dort, wo alles besser sei, wegging.

Um der Kinder willen, weil es im Dorf keine Zukunft gibt, und Arbeit schon gar nicht, und auch die Schule ist schlecht dort, sagt sie dann und seufzt.

Ihr Seufzen immer mal zwischendurch, wenn sie erzählt oder wenn sie die Treppe hochkommt und zur Tür herein und sich ihre Schuhe von den Füßen schüttelt und sagt, wie heiß es doch heute wieder sei oder wie kühl oder regnerisch oder nass oder schwül, ein Seufzen, mit dem sie hinnimmt, wie's nun mal ist, das Leben. Sie nimmt es an; mit ihrem Seufzen kann sie es.

Einmal sagte sie und seufzte: Ömer ist ein guter Mann, er schlägt mich nicht und geht nicht ins Männercafé spielen.

Ob sie ihren Ömer liebt? Nein, Liebe ist kein Thema zwischen Hatice und mir; über die Liebe zu Männern sprechen wir nie, nur über die zu den Kindern.

Aber von der Technik des Umgangs mit dem Ehemann erzählt sie. Wie sie's hält mit ihrem, wie sie ihn hinhält und herholt, wie sie ihm schmeichelt und wie ihn kommandiert. Auch dass und wie sie verhütet. Zwei Kinder in der Stadt sind genug, Allah hin oder her, mehr kann er von uns nicht verlangen! Ömers Lohn als Hauswart und Pförtner in einer Schule ist so schlecht, dass eine Familie davon nicht leben kann. Immer hinkt der Ausgleich ein Jahr hinter der Inflation her, und wie die rennt, weißt du ja!

Wenn Hatice über die ständig steigenden Preise klagt – allein was die Kinder brauchen! – und mir vorrechnet, was alles sie noch besorgen muss – ohne anständige Schuhe können die Kinder doch nicht zur Schule gehen! –, und mich dabei anschaut mit ihren blauen Augen – auch sie müsse doch ihren Kindern manchmal etwas kaufen können, etwas Hübsches oder auch nur etwas Süßes, was andere Kinder doch täglich hätten –, dann verstehe ich, dass sie mich in ihrer Art darauf hinweist, dass auch ich wieder der galoppierenden Inflation hinterher soll.

Du musst von dir aus erhöhen, sagte mir eine Freundin, die mich mütterlich besorgt einführt in die Gepflogenheiten hierzulande. Hatice wird niemals von sich aus darum bitten. Wenn sie es aber doch tut, ist es zu spät, und sie wird dich nicht mehr achten, weil du sie nicht zu achten scheinst in ihrem berechtigten Anspruch. Du musst heraushören, wann es an der Zeit ist. Andererseits, wenn du zu viel erhöhst, machst du die hiesigen Preise kaputt und bedienst unnötig das Bild von den reichen Ausländischen.

Hatices verschämter Blick und ihr honigsüßer Dank, wenn ich erhöhe. Sie habe es doch immer gesagt – wem eigentlich, ihrem Ömer vielleicht? –, dass ich anders sei und dass sie mich nie vergessen werde.

Und ich werde dich nie vergessen, weil du so gut über mich denkst!, sage ich lachend; obwohl ich nicht weiß, ob sie nicht doch weiß, was ich ihr verberge.

Und jedes Mal, wenn ich ihr sage, dass ich wieder für ein paar Tage nach Deutschland muss, sie also nächste Woche nicht zu kommen brauche, sagt sie: Vergiss nicht, deine Verwandten und Freunde nach Arbeit zu fragen für Ömer!

Und jedes Mal verspreche ich, Augen und Ohren offen zu halten. Denn meine Einwände, das sei heutzutage gar nicht mehr so leicht und überhaupt, und erst recht nicht mit türkischem Pass, übergeht sie, das wisse sie alles, aber wer weiß.

Einmal fragte ich, warum denn nicht ihr Bruder in der Schweiz Arbeit suche für Ömer.

Mein Bruder, sagte sie, ist ein türkischer Arbeiter, der kennt doch nur seine Kollegen in der Fabrik, aber du bist eine *hanım efendi*, eine Dame, und deine Bekannten sind bestimmt Deutsche, die Geschäfte oder Fabriken besitzen. Auf dich hören sie. Bitte sag ihnen, dass Ömer fleißig ist und zuverlässig und dass er jede Arbeit macht, jede! Und auch ich kann in der Fabrik arbeiten. Oder wenn für mich dort keine Arbeit ist, kann ich auch putzen gehen, so wie hier.

Und heute wieder verspreche ich, dass ich in Deutschland von ihr und Ömer erzählen werde; und sage wie immer auch: Aber mach dir nicht zu viel Hoffnung!

Hatice schlüpft in ihre Schuhe und sagt: Allah wird's geben, wenn es ihm gefällt, dass wir dort Arbeit finden.

Hatice, ich hab eine andere Idee: Ich werde nicht von dir und Ömer erzählen, sondern etwas über euch schreiben, vielleicht ja erfahren dann mehr Leute, dass ihr Arbeit sucht – was hältst du davon?

Hatice schaut mich unsicher an, bindet sich das Kopftuch noch einmal neu; dann plötzlich lacht sie: Wenn Allah es will, warum nicht, wenn's hilft – so wie du von dem, der schlecht gewählt hat, gut sprichst –

Du meinst den Taxifahrer?

Ja, du denkst von allen nur Gutes.

Was weißt du denn, wie ich von dir denke!

Nun lacht auch sie, herzlich und schön.

Ich könnte berichten, was alles du mir geschenkt hast, die Häkeldecke, die Nüsse aus deinem Dorf, eine ganze Tüte voll, oder wie wunderbar du mir alle paar Wochen den Kopf mit Henna bepackst, wie angenehm deine Hände sind, fein und zart und doch so sicher.

Sie wehrt ab. Das kann doch jede!

Nicht in Deutschland.

Wieder schaut sie unsicher, sagt aber doch: Ich weiß, du wirst mit Allahs Hilfe schon das Richtige erzählen. Und als sie bereits in der Tür steht, noch einmal: Sag ihnen, Ömer ist ein guter Mann und ehrlich, er macht wirklich jede Arbeit!

Ja, ich versprech es dir!

Sie zwinkert mir zu: Pass gut auf dich auf!

Du auch, pass gut auf dich auf!, sage ich und höre, als sie treppabwärts geht, dem Klacken ihrer Schuhe nach, bis unten die Haustür ins Schloss fällt.

DIES IST MEIN LAND

Beim Abflug-Gate steht er wieder, wieder in Begleitung seiner beiden Polizisten!

Wo sie ihn wohl hinbrächten, fragte ich mich, als ich, wartend vor dem Check-in-Schalter, die drei durch die Halle gehen sah. Aber was geht's mich an, dachte ich und kümmerte mich um mein Gepäck, schließlich wird nicht jeder einem grausamen Schicksal ausgeliefert!

Nun steht er dort – ein junger Mann mit schlichtem Gesicht, ohne Schnauzbart, aber im Nacken sein Haar wie eine Matte, das Hawaii-Hemd weit offen, ein Goldkettchen auf der Brust. Ohne eine Spur von Unsicherheit oder Angst steht er da und schaut hinaus – nein, Anlass zu Sorge gibt es wohl wirklich nicht! Vielleicht, so neugierig wie er dem emsigen Getriebe ums Flugzeug herum zuschaut, ist es sein erster Flug.

Wie aber kam er nach Deutschland, dass er *so* zurückkehrt?

Einer der Polizisten, als zum Einstieg aufgefordert wird, überreicht der Hostess ein Ticket und flüstert ihr etwas ins Ohr; worauf sie nickt und den jungen Mann im Hawaii-Hemd mit einem kurzen Blick taxiert. Der andere Polizist gibt dem jungen Mann mit einer richtungweisenden Kopfbewegung zu verstehen, dass er sich einreihen solle. Was er sofort befolgt. Worauf seine beiden Polizisten, einen Schritt Abstand haltend, sich hinter ihn stellen. Und ich – ich reihe mich ebenfalls ein; nun will ich sehen, wie so etwas vonstattengeht.

Der eine Polizist flüstert der Bordhostess an der Flugzeugtür etwas ins Ohr, worauf sie wortlos nickt; das professionelle Lächeln fällt ihr nicht für eine Sekunde aus dem hübsch geschminkten Gesicht. Aber der Blick des jungen Mannes im Hawaii-Hemd, als sie ihm sagt, er solle sich in die letzte Reihe setzen, bleibt an ihren üppigen, dunkelrot glänzenden Lippen kleben – weil wieder Türkisch mit ihm gesprochen wird?

Als er das Flugzeug betritt, schaut ihm einer der Polizisten gelangweilt hinterher, bis er sitzt, während sein Kollege bei der Hübschgeschminkten einen Scherz zu landen versucht; dann ziehen sie ab, die Sache ist für sie erledigt.

Der junge Mann ist ein freier Mann, seit er im Flugzeug sitzt, schon seit gut zweieinhalb Stunden. Wie aber hatte er es geschafft, über den hohen EU-Schutzwall nach Deutschland zu gelangen? Ich gehe zwischen den Sitzreihen nach hinten, sehr langsam, um ihn mir anzuschauen; seinen Gesichtsausdruck möchte ich sehen, jetzt, da es nicht mehr weit ist bis Istanbul, und ob tatsächlich kein Grund zur Sorge ist. So wie er die Broschüre anschaut mit den Instruktionen, was zu tun wäre im Fall von Notlandung und Notausstieg, kindlich staunend, es scheint, dass er wohl tatsächlich zum ersten Mal fliegt.

Vor Jahren, unterwegs im Bus zwischen Urfa und Euphrat, jener junge Mann mit offenem, gewitztem Gesicht, der sagte, er habe Deutschland sehen wollen, das Land, von dem sie alle immerzu redeten, ob wahr sei, was sie erzählten. Darum sei er hin. Und habe selbst gesehen, dass alles sehr, sehr schön sei in Deutschland. Und in der Schweiz auch, ja, auch dort sei er gewesen.

Auf die Frage, wie er denn hingekommen sei: Ich weiß, ich kann nicht nach Europa, weil ich Türke, aber ich kann Asyl, weil ich Kurde! Einer, der auf dieser Strecke oft mit dem Lastwagen unterwegs war, habe ihn mitgenommen, bis kurz vor die Grenze; dort sei er raus und zu Fuß rüber. Beim ersten Mal hätten sie ihn geschnappt und sofort zurückgeschickt. Macht nix, ich wieder hin, zweite Mal ich habe Glück. Dann ich Asyl und Asylantenheim. Von Asylantenheim ich abgehauen, zu Freund. In Döner-Geschäft von Freund ich Arbeit, zwei Jahre, viel Geld. Und, blinzelte er meinem Reisebegleiter zu, viel hübsche Mädchen.

Als die Asyl-Ablehnung kam, kurz bevor er abgeschoben werden sollte, sei er selbst gegangen; über die Grenze, zu Fuß; ja, in die Schweiz – als freier Mann! Sein stolzes Lachen, als er es sagte.

In Bern habe er bei Schwester und Schwager gewohnt und in der Auto-Werkstatt eines Freundes vom Schwager gearbeitet; und, wieder mit verschmitztem Lächeln zu meinem Reisebegleiter: Ich kenne ganz, ganz nette Mädchen dort, mit gute Herz, ich will heiraten diese Mädchen.

Ja, Schweizerin sei sie, aber ihre Familie habe Probleme gemacht und der Staat auch.

Ob er darum zurück sei in die Türkei.

Er schaute durchs Busfenster hinaus in die vorbeiziehende Landschaft und schwieg, dann, nach einer Weile, schaute er mich an, legte eine Hand auf seine Brust und sagte: Drei Jahre ist sehr, sehr lange Zeit, meine Vater Mutter Geschwister, ich muss zurück, mein Herz wollte so!

Und das Mädchen in Bern?

Vielleicht wir heiraten nächste Mal, wenn sie kommt nach Türkei.

Und abschließend sagte er, der sich die Freiheit nahm, in der Welt sich umzuschauen, worauf er, wie ich finde, ein Recht hat, schon auf Grund seiner Jugend: Diese Land ist meine Land, ich liebe meine Land, hier ich will leben!

Ja, sagte ich, auch ich liebe dieses Land hier am Euphrat, und manchmal sogar träume ich davon!

Sein fragender Blick: Was suchst du in diesem Land voller Staub und Hitze und blendender Helle!

Später dann zeigte er hinaus. Dort hinter jenen Hügeln seien die Pistaziengärten seines Vaters und nicht weit davon das Haus seiner Familie, umgeben von einem Obstgarten; alles wachse dort, Feigen, Pflaumen, Aprikosen, Maulbeeren, und gutes Wasser gebe es auch, alles, was du willst. Und dann kam, wie es natürlich kommen musste, die Einladung zu ihm nach Hause. Was wir, mein Reisebegleiter und ich, natürlich ablehnten. Was der junge Mann natürlich nicht gelten ließ. So dass wir schließlich mitgingen.

Er zeigte uns Haus und Hof und Garten und das Dorf und ringsum das Land voller Pistazienbäume hügelauf und hügelab und stellte uns seinen Eltern vor und seinen Geschwistern. Und abends, als wir auf dem Dach saßen und aßen und redeten und lachten bis spät in die Nacht, schien mir, dass ich einen derartigen Sternenhimmel noch nie gesehen hatte, so hoch und funkelnd über dem ganz und gar lichtlosen Land.

Noch immer hinter dem jungen Mann im Flugzeug stehend, stelle ich fest: Eigentlich will ich gar nichts mehr wissen von ihm und *seiner* Geschichte – und spüre, das Flugzeug dreht jetzt nach links; und durch die Fensterluken herein fällt gleißendes Licht. Sonnengeglitzer auf Wasser ist zu sehen, und eine Küstenlinie, geschnitten wie mit einer Schere. Das Schwarze Meer – Istanbul ist also schon sehr nah!

Ich gehe zurück zu meinem Platz, stelle die Lehne senkrecht und schnalle mich an; und freue mich wieder auf mein geliebtes Istanbul und auf meinen geliebten Freund, der versprach mich am Flughafen abzuholen. Und für den jungen Mann in der hintersten Reihe hoffe ich, dass auch ihn Freundlichgesinnte abholen mögen, nicht Uniformierte.

SCHUPPIGE SCHIFFE ÜBER DEN DÄCHERN (FÜR ORHAN VELI KANIK)

In lauen Sommernächten draußen zu sitzen auf dem Balkon und Istanbul zu hören mit offenen Augen, liebe ich sehr. Und auch meinen Geliebten liebe ich sehr. Und besonders, dass er heute bei mir ist, während die Nacht eben erst heraufsteigt und wir zusammen Wasserpfeife rauchen und träumen.

Und warum Wasserpfeife?, lacht mein Geliebter.

Ich weiß, niemand hier raucht mehr Wasserpfeife. Nur unten bei Tophane im Kaffee der Kapitäne die alten Männer oder drüben im Hof von Çorlulu Ali Paşa. Wir aber, mit Blick übers Wasser bis nach Asien, wie sollten wir da nicht sitzen und rauchen und träumen!

Ich erinnere mich, sagt mein Geliebter, *wie ich die Welt zum ersten Mal sah: durch den Spalt einer Muschel, grün das Wasser, blau der Himmel, und die geflammte Zeichnung auf vorbeiziehenden Pfauenlippfischen.*

Du Armer, sage ich, *seit je mit deiner Sehnsucht nach dem Meer!*

Und schau, *schuppig geflügelte Schiffe fliegen über die Dächer.*

Ja, *verrückt macht den Menschen diese Welt / Diese Nacht, diese Sterne, dieser Duft / Dieser Baum, vom Wipfel bis zur Wurzel ganz erblüht.*

Der Mond geht auf über Asien, die Sterne verblassen, und auch die Lichter am Ufer gegenüber nehmen sich zurück. Aber von unten herauf das Tuten der Dampfer auf dem nächtlichen Bosporus.

Nein, ich schwöre, so ist es nicht immer! Diese Stadt, dieser Himmel, diese Nacht – *da muss noch irgendetwas anderes dabei sein.*

EINE GUTE FREUNDIN

Falls du jemals über Istanbul schreiben solltest, bitte schreib gut über uns und unser Istanbul!

Was meinst du mit deiner Sorge? Du weißt doch, ich bin nach Istanbul gekommen, um hier zu leben und zu arbeiten.

Es kommen so viele her, leben und arbeiten mit uns, wir freunden uns an, und dann gehen sie zurück und vergessen uns und wie es war hier; und später schreiben sie Berichte über uns und unser Istanbul, als ob sie nie hier gewesen wären, als ob uns nichts verbände.

So Ingrid heute, als wir aus der Konzertprobe kamen.

An jenem Advent-Nachmittag im Marmara Hotel hatte sie sich zu mir gesetzt, mich angestrahlt und gefragt, was ich in Istanbul mache und ob ich zurechtkomme. Hier ist es üblich sich gegenseitig zu helfen, sagte sie, besonders den Neulingen, damit sie bittere Erfahrungen gar nicht erst machen müssen. Ein paar Tage später rief sie an, dass jeweils am Freitag über Mittag die Konzertproben halböffentlich und kostenlos seien, ob ich Lust hätte mitzugehen. Inzwischen ist fast schon Tradition geworden, dass wir uns Freitagmittag in die Probe schleichen und hinterher essen gehen zusammen.

Bei einem dieser Mittagessen, ziemlich zu Anfang unserer Freundschaft, fragte sie mich, was ich von Treue halte. Damals verstand ich ihre Frage nicht. Heute, als sie mich nach der Probe bat, von Istanbul nichts Schlechtes zu erzählen, fiel mir ihre Frage wieder ein. Ich sagte: Falls ich doch einmal über meine Zeit in Istanbul berichten sollte, würde ich gerne auch von dir erzählen. Deine Geschichte ist eine echte Istanbul-Geschichte, außerdem eine wunderbare Liebesgeschichte – falls du mir mehr davon erzählen würdest.

Ingrid lächelte ihr fast mädchenhaftes Lächeln, ein bisschen verschmitzt, ein bisschen keck, und sagte nichts weiter.

So ist es immer, wenn ich genauer wissen will, wie es damals war: Ach, das kannst du dir doch denken, wie es ist, wenn zwei sich lieben!

Ja, einiges kann ich mir vorstellen, aber wie es für *dich* war, als du nach Istanbul kamst, davon wüsste ich gerne mehr. Nur die Eckpfeiler deiner Geschichte kenne ich, Knochen ohne Fleisch, davon werde ich nicht satt.

Was ich von ihr weiß: Sie, die Professorentochter aus Weimar, hatte einstmals lockiges, goldbraunes Haar – inzwischen ist es schlohweiß, aber ihr Lachen ist mädchenhaft geblieben, und ihre hellen Augen strahlen noch immer; und nach wie vor ist sie erfüllt vom Schönen, Wahren, Guten. Schlecht allerdings war die Zeit, als sie jung war, sehr schlecht! Und außerdem lag ein Schatten auf des jungen Mädchens Lunge. Um diesen Schatten wegkurieren zu lassen, schickten ihre Eltern sie in die Schweiz. Die Reise dorthin tat das Mädchen aus Weimar allein, mit dem Zug – es war im Jahre 1944.

Jenes Mädchen aus Wien, von dem Ruth Klüger berichtet, sieht vom Zug aus – im Juni 1944 war es, auf dem Transport von Birkenau in ein Arbeitslager in Niederschlesien – einen Jungen, der in freier, schöner Landschaft eine Fahne schwingt; sie sieht ihn, er sieht sie nicht, nur den vorbeifahrenden Zug sieht er; und das Mädchen, schreibt Ruth Klüger, begann zu grübeln über das, was im einen selben Raum geschieht und doch Welten entfernt voneinander ist –

Was sah das junge Mädchen aus Weimar auf der Fahrt durchs deutsche Land? Wer saß im Zug ihr gegenüber, mit wem sprach sie, worüber? Und dann in der Schweiz, während Europa ringsum in Flammen stand beziehungsweise in Schutt und Tod und Asche fiel, was hörte sie, was erfuhr sie, was empfand sie, was dachte sie, was vor und was nach dem Kriegsende?

Als der Krieg zu Ende war, endlich, und des Mädchens Lunge einigermaßen geheilt, folgte sie dem Rat einer wohlmeinenden Dame in Lausanne: Sie kehrte nicht ins besiegte, kaputte, hungrige Deutschland zurück, sondern blieb in der Schweiz, nun als *femme de chambre* im noblen Hotel-Sanatorium Belvédère in Leysin. Wie war es für sie als mittelloses junges deutsches »Mädchen«, den Herrschaften aus aller Welt die Zimmer und die Schuhe zu putzen, die Betten zu machen, den Tisch zu decken, das Essen zu servieren? Zwar gehörte die Schweiz nicht zu den aktiven Siegermächten, aber die Schweizer Mitsieger-Mentalität wird sie ganz sicher zu spüren bekommen haben.

Wir haben geschuftet von morgens bis abends, um Geld zu verdienen, damit wir Pakete nach Hause schicken konnten – zu Hause hatten sie ja nichts, was konnten wir also Besseres tun! Mehr sagt sie nie. Höchstens: Ja, es war schlimm damals, aber gottlob liegt diese finstere Zeit lange hinter uns!

Einmal sagte sie: Für meinen Vater waren Goethe und Schiller die Rettung, an ihnen hielt er sich fest, während Mutter vollauf damit zu tun hatte, das Überleben von Tag zu Tag zu organisieren, was ja wirklich nicht einfach war damals.

Ingrids Erinnerung an ihre Zeit in der Schweiz ist überstrahlt vom Glanz ihrer großen Liebe, die alles andere, was sonst noch war, in den Schatten stellt.

Monsieur le Turc, der Patient von Zimmer 122, hatte es mir angetan, und ich es ihm, und zusammen haben wir, soweit wir frei waren von Genesungs- und Arbeitsverpflichtungen, die Tage durchschwebt.

Auch die Nächte?

Sie lachte: Rosa Wolken, du weißt doch, wie das ist!

Immerhin erwähnte sie Schlittenfahrten im Vollmondschein.

Trotzdem, so kann es nicht gewesen sein. Sie hätte es gerne so. Was aber nirgendwo auf der Welt möglich ist, dass Menschen nur »gut« sind, warum ausgerechnet in der Schweiz!

Über alles, was nicht »gut« ist, geht Ingrid lächelnd hinweg. Höchstens dass sie sagt: Und wie oft schon haben wir gedacht, schlimmer kann es nicht werden, jetzt sind wir am Ende, aber dann findet sich immer irgendwie ein Weg! Manchmal fügt sie noch hinzu: So ist das eben bei uns in der Türkei! Ihr verschmitztes Lachen dann, als ob *ich* nicht an Wunder glaubte.

Sie mit ihrer Sicht auf ihre Wunder-Türkei – vielleicht glaubt sie selbst nicht wirklich daran und ist jedes Mal wieder erstaunt, dass doch noch immer Wunder geschehen.

Einmal die Frage oder eben Nicht-Frage deutscher Freunde an mich, die in einer deutschen Zeitung über eine brutal niedergeschlagene Revolte in einem Istanbuler Gefängnis gelesen hatten: Was sagst du nun dazu, was deine Türken da mal wieder getan haben?

Was sollte ich sagen – ich rief Ingrid an, um zu hören, wie *sie* es sah.

Ja, auch hier ist davon berichtet worden, sagte sie, aber vergiss nicht, früher gab es das nie, Fotos von prügelnden Polizisten. Oder wenn, nur mit untergestelltem Text, dass staatsgefährdende Provokateure zerstreut wurden. Nun endlich wird auch hierzulande die Gewalt öffentlich diskutiert, in allen Medien und sehr kontrovers. Heutzutage ist es möglich! Das ist doch wunderbar! Frag deine Freunde in Deutschland, woher sie ihr Türkei-Bild nehmen. Frag sie, ob sie es aus den deutschen Medien kritiklos übernehmen und ob es nicht einseitig ist, dieses Bild, das niemals Gutes zulässt – als ob es Gutes nicht auch gäbe, überall, auch in der Türkei.

Ingrid hat natürlich recht, es ist auch eine Frage der Perspektive.

Und wahrscheinlich sagte sie am Telefon noch, was sie oft sagt: Ach ja, unsere lieben Türken! Sie sagt es, als ob sie die lieben Türken allesamt unter ihren mütterlichen Schutzmantel stellte und um Nachsicht bäte für Kinder und ihre Kindereien.

Oder, auch denkbar: Ingrid mag mir nicht sagen, dass mein Blick, meine Art des Schauens und Fragens, mein Staunen und Wundern, mein Lachen und Weinen über Istanbul doch immer noch sehr von außen ist, von Europa her.

Nein, Anklagen und Urteilen maße ich mir nicht an. Aber wissen will ich und verstehen, was ich sehe und: wie Ingrid es sieht – sie, die vor bald fünfzig Jahren nach Istanbul kam, sie, die Istanbulerin wurde mit ganzem Herz, Türkin auch dem Pass nach; ohne Kopftuch versteht sich, aber gläubig festhaltend an Atatürks Ideen.

Heute nach der Konzertprobe versuchte ich es wieder: Du weißt doch, wie sehr ich Istanbul liebe und dass auch ich finde, in Europa ist das Bild der Türkei unverdientermaßen schlecht. Du aber – falls ich jemals über Istanbul schreiben sollte –, du wärst fürs gute Istanbul ein gutes Beispiel!

Zärtlich fasste sie mich am Arm und sagte mit bedeutungsvollem Blick: Ausgerechnet *du*! Aber meinetwegen – du wirst wissen, da bin ich mir sicher, was geht und was nicht! Aber nun lass uns über etwas anderes reden! Und sofort erzählte Ingrid dann, welche Ausstellung sie gestern gesehen hat oder welchen Film, und von Freunden, mit denen sie sich traf, was die doch für feine Menschen sind und was die wieder Feines gemacht haben. Und fragte auch, wie mein Besuch in Deutschland gewesen ist, wie es meinen Kindern geht, wie meiner Mutter – nein, sie fragt anders: In Deutschland war's gut? Deinen Kindern geht's gut und deiner Mutter auch?

Und als ich erzählte, meine Mutter komme mich besuchen, wieder ihre Sorge, dass ich Istanbul nur ja von der besten Seite präsentiere. Und versprich mir, dass du sie vor den Löchern in der Straße bewahrst und ihr hilfst bei den hohen Trottoirs und sie im Verkehr beschützt! Und führ sie nur in die besten Restaurants! Und was macht deine Mutter mit den vielen Treppen, drei Stockwerke hoch bis in deine Wohnung?

Liebe Ingrid, was für ein Bild von Europa hast du, dass du meinst, die Menschen dort könnten keine Treppen steigen und nicht auswärts essen, ohne Schaden zu nehmen?

Du hast recht, meine Sorgen sind Unsinn!

Und doch: Ohne Ingrids sorgende Hilfe hätte ich mich im Dickicht des türkischen Alltags oft verheddert! Treu besorgt führte sie mich ein und klärte mich auf über die Sitten hierzulande; und sogar ihre Sicht auf den südöstlichen Teil des

Landes begann ich zu verstehen, den nicht »Kurdistan« zu nennen ich versprach. Kurdisch als Sprache, ja, die gibt es, auch natürlich Kurden, die heute überall im Land leben, die meisten in den großen Städten.

Nur ein einziges Mal verschlug es Ingrid die Sprache. Als ich sie anrief, sie möge mir verzeihen, dass ich mich die Tage nicht gemeldet habe, mir sei etwas passiert – nämlich: Ich habe mich verliebt!

Erst sagte sie gar nichts. Durch den Telefonhörer hörte ich: Sie war ratlos. So so, verliebt bist du!

Ja, bis über beide Ohren.

Na wunderbar für dich! Immerhin gut, dass du dich doch noch gemeldet hast!

Dann hängte sie auf. Und rief kurz danach wieder an, bombardierte mich mit Fragen, wer er sei, ob Türke und woher, was er mache, wo ich ihn kennengelernt habe. Sie ließ nicht locker, wollte nicht glauben, dass ich nicht in die Fänge eines beutel- oder gar halsabschneiderischen Unholds geraten bin.

Nein, so ist es nicht zwischen Ingrid und mir! Es ist ganz anders. Ihre Fürsorge, ihre Liebe, ihr Interesse tun mir wohl. Nur eben, es ist mir zu wenig.

Was sie mir erzählt hat: 1947 Heirat in Villeneuve am Genfersee, im frühen Frühjahr war es, ohne Pomp, mager wie die Zeit damals war, und beidseits ohne Eltern; aber mit Hochzeitsspaziergang dem See entlang, über dem, sagte sie, ein Schimmer von mediterranem Glanz lag, Verheißung von Zukunft.

1949 die Übersiedlung nach Istanbul. Für ihn Heimkehr, Auswanderung für sie.

Ihr Abschied von den Eltern, eine letzte Umarmung in Konstanz über den Grenzbalken hinweg – oder sagte sie doch, dass sie noch einmal hinüber ins besetzte Vater-Mutterland fuhr?

Die Reise dahin klassisch: von Genua aus mit dem Schiff, vorbei an Korsika und den Liparischen Inseln, Stromboli nachts als dunkler Kegel aus dem Meer ragend, mit kurzen Aufenthalten in Neapel und in Athen. Den Kanal von Korinth haben sie leider verschlafen, frühmorgens wie die Passage war. Sonst aber stehen sie tagein, tagaus an der Reling, eng aneinandergeschmiegt, nein, nicht umschlungen, das ist nicht ihre Art, nicht in der Öffentlichkeit, und während die Küsten kommen und gehen, schauen sie übers Wasser und träumen ihrer Zukunft entgegen – heute liegt bereits ein gemeinsames halbes Jahrhundert hinter ihnen.

Dann aber, als sie die Meerenge von Çanakkale passiert haben und das Marmara Meer sich grünblau vor ihnen auftut, beginnt Ali von Erdek zu erzählen: Dort hinter der Landzunge steht es am Ufer, das Sommerhaus seiner Familie, versteckt unter einer Platane und einer Schirmpinie, vom Schiff aus nicht zu sehen; dort hat er seine glücklichsten Kindertage verlebt. Und während sie weiter unterwegs sind in Richtung Istanbul, nun wieder übers offene Meer, erzählt er von Abenteuern mit dem ersten Boot, von plötzlich hereinbrechendem Sturm, zerrissenem Segel und Wasserschöpfen, und von der frühen Erfahrung, unwahrscheinliches Glück gehabt zu haben.

Als am Horizont die Küstenlinie auftaucht und die Stadt der Städte ihre Silhouette entfaltet, verstummen sie beide. Und als Paläste und Moscheen schon deutlich erkennbar sind, streckt Ali die Hand aus – seine Stadt! Seine junge Frau lehnt an seiner Schulter, das Herz schlägt ihr bis in den Hals, dröhnt ihr im Ohr; und daran vorbei rauschen die Namen, die Ali ihr nennt. Sie hört seine Stimme, sieht seine Hand, daran den Ring, dahinter die Türme und Kuppeln der Stadt, die schon sehr nah ist, fast greifbar – die nun auch ihre wird!

Und plötzlich, als das Schiff um Sarayburnu hereindreht und das Goldene Horn sich auftut und die Stadt sich zeigt, hügelauf, hügelab ein Gewirr von Häusern und Gewimmel von Menschen auf den Straßen und auf dem Wasser all die Boote, die Luft voller schreiender Möwen und Schiffstuten und Gerüche vom Hafen, von Meer- und von Abwässern, von Öl und Teer und Schweiß, von frischem und von gebratenem Fisch, und von blühenden Akazien der Duft, da, plötzlich, schießen ihr Tränen in die Augen, ein Sturzbach, sie weiß nicht warum.

So wird es gewesen sein. So, denke ich, würde es zu Ingrid passen.

Undenkbar aber, dass sie, als sie an Land ging, nur Liebe und Schönheit und Güte fand! Das herrliche Istanbul wird auch ihr seine hässlichen Fratzen gezeigt haben.

Vergiss nicht, sagt Ingrid, wenn ich sie nach jener Zeit frage, der Idealismus, mit dem die türkische Republik gegründet und aufgebaut wurde, war noch zu spüren, als ich nach Istanbul kam. Etwas Pionierhaftes lebte in uns allen. Das half uns über vieles hinweg. Das trug uns. Zwar war alles sehr knapp, Kaffee zum Beispiel gab es lange Zeit keinen, und wenn jemand Nescafé mitbrachte aus Europa, war's ein Fest, aber die Stimmung im Land, die war wunderbar. Uns beflügelte die Idee eines autarken, modernen, laizistischen Staates, in dem alle Menschen Arbeit und Auskommen finden. Ja, wir waren zuversichtlich, dass es gelingen wird. Glaub mir, es gab noch echte Freundschaft und Menschenliebe. Und tatsächlich fing die junge Republik ja bereits an, auf eigenen Beinen zu stehen, unabhängig von allen Ländern ringsum, unabhängig auch von den beiden großen Machtblöcken. Und fast immer schließt Ingrid mit dem Satz: Ach, es war eine wundervolle Zeit!

Und manchmal sage ich dann: Aber mit dem Nato-Beitritt nahm der Traum ein Ende.

Ja, so war es. Langsam, aber sicher wurde unser Leben an den Westen gekettet. Unser eigenes, unabhängiges galt nichts mehr. Schade drum!

Die vielen Enttäuschungen, die Einbrüche und Umschichtungen, die Ausnahmezustände und Putsche, Not und Angst und Hunger und Krieg in Deutschland, in der Schweiz, in der Türkei, deshalb vielleicht hält sich Ingrid so sehr ans Gute und spricht so ungern übers Ungute. Ingrid, die so viele kennt und von einem zur andern und weiter hüpft und springt und organisiert und sorgt und hilft, dass es ja allen gut gehe, geht über die Frage, wie es denn *ihr* gehe, lächelnd hinweg – gut geht es, gottlob geht es gut!

Nur manchmal, wenn ich spät noch anrufe, klingt Ingrid seltsam zerstreut, und ihre Stimme schleift, so dass ich mir Sorgen mache: Was ist los mit dir? Ist etwas passiert?

Nichts ist! Was sollte sein! Und sofort dann höre ich, dass Ali morgen aus Erdek zurückkomme, oder übermorgen oder nächste Woche.

Nein, weiter und mehr werde ich nicht fragen!

Nur vergessen darf ich nicht, ihr nächstes Mal aus Deutschland neben den deutschen Neuerscheinungen, auf die sie immer sehr begierig ist, auch den geliebten französischen Cognac mitzubringen – mag sein, er hilft ihr, die Hoffnung auf bessere Zeiten nicht aufzugeben.

EIN GUTES OMEN

Uğur Mumcu – seit bald zwei Jahren hängt sein Foto in den Geschäften, in vielen, wenn auch nicht in allen; aber in den meisten, die ich frequentiere.

In anderen hängen andere Bilder, mehr oder weniger groß und bunt, von der Kaaba zum Beispiel oder Koran-Sprüche oder die Fußballteams von Fenerbahçe oder Galatasary, und in sehr vielen, wie andernorts die Bilder von Monarchen, nach wie vor das von Mustafa Kemal genannt Atatürk. Niemand hierzulande ist gezwungen, ein bestimmtes Bild aufzuhängen in seinem Laden, Restaurant oder Büro. Die unausweichliche Allgegenwärtigkeit von Potentaten wie in anderen Ländern gibt es hier nicht. Die hier von den Wänden herabschauen, sind selbsterwählte Leitbilder, die anzeigen, in welches Licht sich die stellen, die sie aufhängen.

Als Uğur, der parteipolitisch ungebundene Journalist, zerfetzt von einer Auto-Bombe, zu Tode gekommen war, reisten viele tausend Menschen aus dem ganzen Land nach Ankara, um ihm das letzte Geleit zu geben. Und dass heute noch immer sein Foto zu sehen ist, zeigt: Uğur Mumcu lebt weiter – als Gesinnung, als Hoffnung, als Bekenntnis, als Ansporn.

Wofür er stand, hat ihn sein Leben gekostet. Wer es ihm nahm, von wessen Hand die Bombe gebaut worden war, ist bis heute nicht klar, nicht aufgeklärt. Aber: Uğur hat zeit seines Journalisten-Lebens schreibend für eine freiheitliche, menschenwürdige, demokratische Türkei gekämpft, bis zum furchtbaren Ende. Er war ein Held, er starb einen Heldentod, er wurde zu Grabe getragen, wie es einem Helden gebührt. Darum folgten ihm Tausende, weil auch sie, wofür er stand und starb, stehen und leben in diesem Land.

Zur großen Trauer in der ganzen Türkei, die natürlich auch mich ergriff als eine, die in diesem Land mitlebt, kommt meine kleine »ausländische« Trauer hinzu, oder eigentlich Scham: dass meines Wissens bis heute in keiner deutschen Zeitung je über die stark und stärker werdende Demokratie-Bewegung in der Türkei berichtet wird, nicht einmal anlässlich des Todes von Uğur Mumcu.

Sehr viel später erst fand ich seinen Namen doch erwähnt in einer deutschen Zeitung:

… auch der gewaltsame Tod des Journalisten U. Mumcu wird vermutlich, wie viele andere politische Morde in der Türkei, nie aufgeklärt werden, weil die Täter und ihre Hintermänner im Halbschatten zwischen Unterwelt und Sicherheitskräften gedeckt bleiben …

Empörend, falls es so ist!

Aber auch, dass fast nur so berichtet wird.

Trotzdem: Uğur lebt weiter in den Herzen und Köpfen der Menschen, wie zu sehen ist in den Büros und Geschäften und Zeitungsläden – und das ist, was in seinem Namen steckt: ein gutes Omen.

EIN GUTER SCHRIFTSTELLER

Demir öffnet die Speisekarte, lächelt und seufzt; und sagt: Ich habe mir vorgenommen, endlich ein guter und fleißiger Schriftsteller zu sein!

Sein Lächeln – ich verstehe es nicht. Denn dass er ein guter Schriftsteller ist, wissen hier alle, die nicht nur in Boulevardblättern blättern nach leichtfasslichen Schlagzeilen zu Bildern von wenig bekleideten Frauen.

Obwohl: Auch Demir ist den Frauen sehr zugetan. Und sie ihm. Eine große Rolle dabei spiele der Ruhm, sagte er, allerdings weniger der Ruhm um der Schriftstellerei willen als jener, ein kunstvoller Liebhaber zu sein. Dieser Ruf eile ihm inzwischen voraus, und fast ohne dass er seine Kunst des Verzauberns entfalte, öffneten sich ihm die Frauen und gäben sich hin – zu seiner großen Freude natürlich, aber auch zu ihrer; er sei zwar ein Egoist, aber kein Barbar.

Seine Hände sind rundlich, keineswegs plump, und prächtig beringt; und wie er mit dem Zeigefinger über die Speisekarte fährt: als ob er die Gerichte vorkoste – ja, auch ich, bevor ich Demir persönlich kannte, hatte von seinen Frauengeschichten gehört.

Das Perlhuhn könne er mir empfehlen oder die Ente auf kaukasische Art.

Ich überlege, ob ich die Ente nehmen soll oder vielleicht

doch eher Fisch, sage ich, und mir fällt jene äußerst pikante Frauengeschichte ein, die er mir neulich erzählte. Er erzähle sie mir, weil er mir Verschwiegenheit zutraue – weil du, sagte er, eine echte Schweizerin bist.

Ja, nun hätte ich doch Lust auf die kaukasische Ente, sage ich und sehe: Wieder lächelt er jenes undurchschaubare Lächeln – nein, ich weiß nicht, was er denkt. Ob er die Rolle tatsächlich annimmt, die ich ihm antrug aufgrund der Jahre, die er älter ist als ich? Oder hatte er, so wie er jetzt schaut, mit jener Geschichte die Frau aus mir herauszulocken versucht?

Ich verspreche es dir, sagt er, wenn ich nächste Woche zurückfliege, werde ich mich bemühen, endlich fleißig zu sein!

Ich find dich rührend! Dieser Vorsatz – das hast du doch gar nicht nötig, du *bist* gut!

Als der Kellner nach unseren Wünschen fragt, lässt sich Demir von ihm die Empfehlungen des Tages und ihre Zubereitungsart ausführlich erklären – als ob von der gelungenen Komposition des Mahles der weitere glückliche Weltverlauf abhinge. Nachdem der Kellner auch die Frage der Vorspeisen geklärt und endlich alles notiert hat, frage ich Demir, was ihn im Norden Europas noch festhalte, da er doch, wie er immer wieder betone, sein geliebtes Istanbul so sehr vermisse.

Demir atmet tief ein und wieder aus – plötzlich wirkt er sehr ernst; noch nie sah ich solchen Ernst in seinem Blick, so viel Trauer –, und fast seufzend sagt er dann: Ach weißt du –

Istanbul ist nicht mehr mein Istanbul!, sagte er, als er mich, ganz zu Beginn unserer Bekanntschaft, durch Beyoğlu führte, um mir sein Istanbul zu zeigen, das er, wie so viele andere auch, aus politischen Gründen verlassen hatte. Was damals gesagt und geschrieben wurde, sei alles falsch verstanden worden von denen, die das Sagen hatten. Sogar ihm hätten sie »politisch« angehängt – lächerlich! Trotzdem, zwei Monate Gefängnis hätten ihm gereicht. Danach sei er gegangen. Und geblieben. Noch einmal habe er geheiratet und noch einmal Kinder gezeugt, die inzwischen auch schon halberwachsen seien.

Kannst du dir vorstellen, ganz zurückzukehren nach Istanbul?

Habe er versucht. Sei ihm nicht gelungen. Sechs Monate habe er es ausgehalten. Es ist wie mit einer frühen Geliebten, du weißt dich mit ihr verbunden, aber was einmal war, hat mit heute nichts mehr zu tun; nur noch die Erinnerung ist da und der Traum. Vielleicht komme er, wenn er komme, jedes Mal ein bisschen länger, und einmal, wer weiß, vielleicht für immer. Obwohl, so wie es aussieht heute –

Aujourd'hui les barbares ont pris la ville, sagte er, als wir auf der Suche nach der Synagoge durch die Gassen von Galata gingen. Sie, die heutzutage hier leben, du siehst, sie haben keine Ahnung von Stadtkultur! Des Schreibens und Lesens kaum mächtig, kommen sie aus dem fernen Anatolien und wissen nicht, was Leben in der Stadt heißt. Ein Wunder, dass sie nicht auch Maultiere halten im Souterrain!

Ja, von den ehedem stattlichen Bürgerhäusern blättert der Putz, oft mitsamt Stukkaturverzierungen, manchmal sogar bis aufs nackte Mauerwerk; und die Höfe und Passagen oben in Beyoğlu rotten vor sich hin.

Früher, sagte Demir, war hier Bouquinist neben Bouquinist, Bücher über Bücher, aber heute wird nicht mehr gelesen! Und in den Cafés saßen kultivierte Stadtmenschen. Schau sie dir an, die heute dort sitzen! Und erst die Frauen – sie waren elegant und geheimnisvoll! Und alle hatten sie ihre eigene Art, in all den verschiedenen Vierteln, den armenischen, jüdischen, französischen, griechischen; sie hatten ihre Sprache, ihre Kultur, ihren Stil und: ihr Geheimnis.

Findest du bei den Frauen in Europa nicht, was du suchst? Die Schwedinnen, die gelten doch weltweit und auch hierzulande als besonders attraktiv, groß, blond und weißhäutig.

Ja, ihre Schönheit ist eine klare, unmissverständliche, wenn du so willst, eine bäurische, manchmal fast animalische Schönheit, was ja auch sehr attraktiv sein kann, aber es fehlt ihnen das Geheimnis. Mag sein, in Paris gibt es sie noch, diese geheimnisvolle Schönheit, und in einigen italienischen Städten, Triest, Venedig, Bologna, auch in Rom; ansonsten ist in Europa ein zu trockener, zu magerer Boden dafür.

Was sollte ich dazu sagen – ich schaue Demir an; irgendwie tut er mir leid jetzt.

Demir nimmt das Glas, seufzt und lächelt: Jeden Tag eine Seite, das müsste doch auch mir möglich sein! Er schnuppert am Wein, kostet und nickt.

Ja, das müsste möglich sein, sage ich und probiere ebenfalls den Wein und finde ihn ebenfalls nicht schlecht – aber ich verstehe nicht, warum du nun plötzlich »fleißig« sein willst!

Er schreibe sehr langsam, und außerdem lebe er sehr bequem; so, als ob noch endlos viel Zeit wäre, verträume er Tage und Wochen statt zu schreiben, wie es sich gehöre für einen guten Schriftsteller.

Was hindert dich, es zu ändern?

Das Leben, sagt er, nun wieder lächelnd, und eben: die Frauen!

Ich verstehe Demir nicht wirklich; und lächle ebenfalls.

Jene an der Kasse, siehst du sie, die dort sitzt?

Ich sehe eine weißhaarige Dame in dunkelblauem, beige

gepunktetem Seidenkleid, die, erhöht auf einem Podest, hinter einer altertümlichen Kasse sitzt.

Sie ist Russin. Ehemals war sie eine große Schönheit. Wie viele andere auch ist sie, als Russland in der sowjetischen Barbarei versank, übers Schwarze Meer geflohen, nach Istanbul, in die damals noch glanzvolle Metropole. Hunderttausende sind gekommen; sie, die dort sitzt, kam mit nichts als ihrer Schönheit hier an und mit ein bisschen Schmuck. Wovon sollte sie leben in dieser Stadt? Ihren guten Geschmack und ihre Juwelen hat sie in dieses Restaurant gesteckt – seither sitzt sie dort an der Kasse. Und wenn sie eines Tages stirbt, wird es ihr russisches Restaurant, das letzte dieser Art, auch nicht mehr geben.

Demir spricht von ihr wie von einer ersten Geliebten, finde ich und rechne nach, ob es möglich wäre, er als Gymnasiast und sie als reife Frau – möglich ist alles.

Ich bin eben sehr langsam, sagt er, während er die Knöchlein aus dem Perlhuhnschenkel herauslöst und am Tellerrand drapiert, auch beim Essen, wie du siehst. Meine Freunde, wenn wir essen gehen zusammen, lachen immer, *wie* langsam ich esse. Aber wie können sie, sagt er und betupft das nun schiere Schenkelfleisch mit Quittensauce, wie können sie das Leben genießen, wenn sie nicht jeden Bissen wirklich kosten?

Ja, du hast recht, sage ich und staune, welchen fast zärtlichen Blick er dem sorgfältig Präparierten schenkt, bevor er es zum Mund führt. Und versuche nun ebenfalls, mich meiner Ente mit mehr Aufmerksamkeit und Hingabe zu widmen – und spüre, dass ich die Vorstellung, wie er mit Frauen umgehen mag und wie es wäre mit ihm, nicht zu verscheuchen in der Lage bin.

Das Leben ist zu kostbar, um es im Fluge zu verschlingen,

sagt Demir und erhebt sein Glas: Lass uns trinken, auf das Leben, und auf die Liebe!

Wir schauen uns in die Augen und stoßen an: Aufs Leben, auf die Liebe!

Und als wir getrunken haben, sagt Demir noch einmal: Trotzdem werde ich versuchen, endlich ein fleißiger guter Schriftsteller zu sein!

GUTE NACHT

Rote Leuchtraketen über dem asiatischen Ufer, von der Straße herauf Pfeifen und Rufen und Autohupen, und laute Musik irgendwoher und Schüsseknallen – haben wir also doch gesiegt?

Eben noch waren die Straßen zum Fürchten leer und still, als ich nach Hause ging, nur bläuliches Geflimmer aus allen Fenstern, und in den Cafés Männer dicht gedrängt vor den Fernsehapparaten – das Spiel Galatasaray–Manchester liege in den letzten Zügen, dachte ich, und einmal mehr würden wir die Verlierer sein.

Draußen der Lärm wird lauter und lauter – wir haben wohl tatsächlich gesiegt! Allah sei Dank und dem deutschen Trainer auch, unsere türkische Ehre ist gerettet!

Obwohl: Swjatoslaw Richter hat mich mehr bewegt am heutigen Abend – der alte Hüne, wie er über die Bühne zum Flügel ging, als ob ihm ein Stock im maßgeschneiderten Smoking steckte, und seinem Nussknackerkopf ein so knappes Nicklächeln abzwang, dass das Geklatsche im randvollen Cemal Reşit Rey Saal schlagartig erlosch; aber dann sein Spiel! Die schwermütige Leidenschaftlichkeit, die von ihm aus- und in die Schubert-Sonaten überging, so zärtlich und schmerzhaft zugleich, dass es war wie – etwas wie Glück!

Draußen das Hupkonzert wird noch immer lauter. Autos rasen die steile Straße herauf, junge Männer hängen heraus, pfeifend, schreiend, Fahnen schwenkend, Rot-Gelb für Galatasaray.

Die ganze Stadt scheint, ohrenbetäubend wie das Tosen nun ist, wieder unterwegs zu sein; sogar die Schiffe tuten mit.

Stehend am Fenster sehe ich: Ein Passagierdampfer, unberührt vom allgemeinen Siegestaumel, legt ab jetzt; ein hell erleuchteter Koloss, der sich langsam dreht in der Stadtnacht, sein Widerschein auf dem dunklen Wasser und das aufschäumende Gestrudel am Heck. Nun nimmt er Fahrt nach Nordosten, bosporusaufwärts.

Es muss der russische sein, der drei Tage unterhalb von Tophane am Quai lag. Über Nacht wird er sie, die herkamen, um Geschäfte zu machen, übers Schwarze Meer zurückbringen. Sie, die mit vollen Taschen kommen und alles mitbringen, was nicht niet- und nagelfest ist, um es hier anzubieten, Plunder und Ramsch und manchmal Antikes, und die Frauen oft auch sich selbst, zehn Dollar die Stunde, nun kehren sie zurück; wieder mit vollen Taschen, voll von all dem, was Istanbul auch in Fülle zu bieten hat: Sportzeug, Spielzeug und Radios, Jogginganzüge und Nylonwäsche, Nylontaschen und Taschenrechner, um es weiterzuverkaufen in jenem Riesenreich, das einen fast achtzigjährigen Nachholbedarf hat für Derartiges.

Draußen der Lärm ist unvermindert –

Mein jubelndes Istanbul, kommst du denn niemals zur Ruhe?

Ich öffne eine Flasche türkischen Wein – ein Sieg ist ein Sieg, der muss gefeiert sein!

Auch wenn es ein kleiner ist gemessen an den Siegen, die ich diesem Land auch wünschen würde.

Ich gieße ein in ein altes türkisches Glas – Şerefe!
Ich trinke auf dieses Land!
Ich trinke auf diese Stadt!
Ich trinke auf das Leben in dieser Stadt!
Und auf den Sieg des Lebens trotz allem!

Und auf Swjatoslaw Richter trinke ich auch, weil er heute Abend so himmlisch gespielt hat, dass mir schien, es sei nicht menschenmöglich!

Weil er dir – ach! – mit seiner Musik an die verbotene Tür gerührt hat.

Noch immer gehen vereinzelt Leuchtraketen hoch, aber das Hupkonzert ebbt nun doch ab. Und durchs Fenster herein kommt Herbstkühle, mitsamt den ersten Braunkohlegerüchen – ja, der Winter ist nicht mehr weit. Aber noch hängt kein atemraubender Smog in den Straßen, und noch gießt es nicht so, dass Bäche die Gassen hinabstürzen, Müll und schmierigen Kohlenstaub mitreißend.

Und: Noch immer kann ich gehen in dieser Stadt, wohin ich will – falls ich will.

Nur eins kannst du nicht: aus deiner Haut heraus, falls sie dir zu eng ist oder zu blöd oder eben doch zu maßgeschneidert.

Nein – auch er, der Alte, legt sich jetzt hin, mag sein, auch er selig von der Musik und von Wein; und morgen, wer weiß, was wird, und wie der neue Tag in neuem Licht –

SPÄTVORSTELLUNG

Du bist verrückt, sagt mein Geliebter, als ich ihm erzähle, dass ich vom Şişli Kino zu Fuß nach Hause gegangen bin.

Das Gedrängel bei den Taxis wollte ich nicht mitmachen heute, sondern lieber gehen. Weit ist es nicht, zwanzig Minuten vielleicht, ein bisschen Nachtluft und Bewegung würden mir guttun, dachte ich und ging mit raschen Schritten die große, breite Cumhuriyet Caddesi in Richtung Taksim Platz. Der Regen hatte aufgehört, nur feucht war es, so dass die Straße im Scheinwerferlicht der entgegenkommenden Autos glänzte. Ärgerlich zwar, dass die ihre Scheinwerfer aufblendeten, aber was soll's! Einige allerdings verlangsamten ihre Fahrt, drehten die Scheiben runter und glotzten – bin ich denn ein Känguru, oder was glaubt ihr, wer ich sei! Ich wechselte die Straßenseite. Aber Rock ist Rock in der Nacht, und Blender sind Blender – sind zugeknöpfter Regenmantel und schneller Schritt nicht Zeichen genug? Ich nahm mir das Seidentuch vom Hals, band es *à la turca* um den Kopf – und tatsächlich: Es tat seine Wirkung! Also ging ich nun, Nachtluft und Bewegung doch noch einigermaßen genießend, über den Taksim Platz und hinunter nach Cihangir.

Du bist wirklich verrückt, sagt mein Geliebter noch einmal, wie kannst du nachts alleine gehen, und auch noch mit Kopftuch!

Und du bist, lache ich ihn aus, wie meine Freundin Nihal aus Antakya! Auch sie brach in helles Entsetzen aus, als ich mir ein Tuch um den Kopf band auf einem Spaziergang in der prallen Sonne. Alles darfst du hier, sagte sie, schließlich bist du mein Gast und genießt große Freiheit, besonders auch als Europäerin, nur eins: bitte kein Kopftuch!

Nun lacht auch mein Geliebter; fragt dann aber doch, warum ich denn allein ins Kino gehe.

Weil ich während der Filmfestspiele auch mal andere Filme sehen will als nur immer die amerikanischen Schinken und türkischen Schmachtfetzen.

Versprich mir, dass du nächstes Mal anrufst, damit ich dich begleiten kann!

Ich verspreche es.

Obwohl ich nicht sicher bin, ob ich nicht doch auch hin und wieder allein ins Kino will.

MINIATUR AUF GOLDGRUND

Sein Blick irritiert mich. Noch nie hier sah ich den Blick eines Mannes so sehr zurückweichen. Manchmal, und je östlicher im Land, umso häufiger, sich senkende Männerblicke mit Scheu darin, mir, der Frau, der Fremden, offenen Auges zu begegnen; oder Scham, mag sein, ihrer eigenen Bestürzung wegen; aber immer auch: Was macht sie, was sucht sie, was will sie, wohin geht sie, warum allein?

Anders der Mann hier: Als ob ich ihm zu nahe träte, als ob mein Interesse unverschämt, mein Blick auf seine Schätze beleidigend wäre, zögert er mit jedem Wort, das er mir gibt, mir geben muss, auch wenn er, scheint es, mich nicht eines einzigen für würdig befindet; von Anfang an, schon als ich bei ihm eintrat, nicht.

Jung ist er und nicht hässlich, sein Gesicht blass, bartlos, aber eben: dieser Blick! Seine Hände sind schmal und weiß und zittern leicht, sehe ich, als er nach der Hülle greift, in der liegt, wonach ich fragte; und seine Finger, während er, zögernd zwar, ausbreitet, was er anzubieten hat, sind fein, mit schön geformten Nägeln und ohne Spuren von harter Arbeit; so behutsam wie sie anfassen, ich frage mich, ob sie jemals eine Frau –

Der Mann schlägt die Augen nieder.

Ob er mir etwas erzähle über *Ihn* im grünen Gewand,

frage ich – aber allein, dass ich nach *Ihm* frage, ist dem Mann mit den weißen Händen nicht geheuer; meine Neugier, mein Entzücken, scheint mir, erfüllt ihn mit Widerwillen.

Du willst nicht, sage ich ohne Worte, und trete einen Schritt zurück – soll ich also gehen?

Bleib, sagt mir klar und eindeutig, zwischen einem Augenauf- und -niederschlag, sein Blick, bleib um des täglichen Brotes willen!

Ich zeige auf den Grüngewandeten und sage: Der flammende Goldglanz hinter *Ihm,* dieser Goldglanz von den Ellbogen bis weit über den Kopf hinaus, bei uns heißt er »Aura« – warum frage ich nicht, wie er diesen Goldglanz nennt? Vermutlich stamme das Wort aus dem Persischen, rede ich weiter und sehe, der Mann schenkt mir ein kleines, feines Lächeln. Ahura Mazdao, der Sonnendurchleuchtete, habe seinen Namen dafür gegeben, versuche ich es weiter und finde, das Lächeln des Mannes ist schön jetzt und rein und ohne jede Frage an mich als Frau und als Ungläubige. Ich will ihm etwas anbieten außerhalb unser beider Welten, Versöhnung vielleicht, immerhin etwas, was mir sein Lächeln erhielte.

Ja, sagt er mit leiser Stimme, vor *Ihm* wurden schon viele Propheten gesandt.

Sein Lächeln noch immer, es verführt mich, mehr zu wollen; ich frage, ob nach *Ihm* weitere kämen.

Was fragst du so dumm, wo du es doch gar nicht mit deinem Herzen wissen willst, sagt mir sein Blick; und sein Mund sagt: *Er* war der Letzte. Nach *Ihm* kommt das Ende der Welt.

Und wohin ist *Er* im grünen Gewand unterwegs – nun will ich es wirklich wissen, aber auch, ob die Schwebe zwischen mir und dem jungen Mann zu halten sei –, und warum ist *Sein* Gesicht verhüllt?

Da, ganz plötzlich, fällt alle Präsenz aus seinem Gesicht. Nichts bleibt darin als ein unbestimmt gläserner Blick durch mich hindurch; und seine Hände zittern, als ob sie sich mühsam enthielten einzusammeln, was vor mir ausgebreitet liegt.

Er verweigert sich mir.

Aber ich werde dich zwingen! Deinen Widerstand werde ich brechen, und du wirst mir doch geben, wonach ich verlange! Mit Fingerspitzen nur und mit äußerster Vorsicht nehme ich eine seiner Kostbarkeiten, halte sie ihm hin und sehe: Ihm ist, als ob ich ein Messer ihm mitten ins Fleisch – und für einen winzigen Augenblick begegnen wir uns, Aug' in Auge, und messen uns, Blick in Blick.

Die nehm ich!, sage ich und krame siegesgewiss in meiner Tasche nach den Dollars. Worauf er nach einer Pappe greift, sie faltet, und hineinlegt und wortlos mir reicht, was er mir nicht vorenthalten kann – aufgrund der Dollars, die ich vor ihm auf den Tisch lege.

Vielen Dank, sage ich und öffne die Tür und höre im Hinaustreten aus dem winzigen Laden hinter mir sein *Zu deiner Freude möge es dir gereichen!* Ich drehe mich um und sehe: Er steckt die Dollarnoten ein, erleichtert und angewidert zugleich.

Nun gehe ich durch die engen Gassen im Alten Bazar, und mir ist wie nach einem tiefen Traum. Und: dass mich die Erde wiederhat!

Was ich aber wegtrage unterm Arm, das Bild, das von jener Welt zeugt, die mir wunderbar und fast unbekannt ist: der im grünen Gewand mit verhülltem Gesicht und mit lodernder Goldflamme im Rücken, reitend auf einem Pferd mit Menschenkopf, begleitet von Wesen mit Flügeln, unterwegs in die Berge, der Himmel reines, lauteres Gold –

EIN NEUER PULLOVER

Nimm den, sage ich, Weinrot steht dir ausgezeichnet!

Mein Geliebter lacht: Granatrot – *Narçiçeğim*!

Ja, sage ich, Granatrot, was denn sonst!

Ich finde meinen Geliebten köstlich: Nichts auf der Welt, was er nicht auf unsere Liebe bezieht!

Den nehm ich, sagt er zur Verkäuferin, die Farbe ist schön, und ich behalt ihn gleich an.

Mir gefällt die Unbekümmertheit meines Geliebten, mit der er wählen kann, leicht und sicher. Ihm gefällt, wenn es mir gefällt. Nicht, um mir zu gefallen. Auch nicht, um mir zu Gefallen zu sein oder aus Angst vor meinem Missfallen, nein, einfach, weil ihm gefällt, was mir gefällt, weil ihm die ganze Welt in unserer Liebe zusammenfällt.

Du bist wunderbar, sage ich im Hinausgehen aus dem Laden, die Qual der Wahl kennst du nicht, *du* weißt sicher, was du willst.

Unmöglich es nicht zu wissen, seit es dich für mich gibt!

Ja, unmöglich dich nicht köstlich zu finden – in dem wunderschönen Rot!

ZWÖLF PAAR SCHUH

Das Trippeln und Trappeln durchs Treppenhaus, und Stimmen von Frauen und Kindern, zwitschernd und zwatschernd – wie jeden Mittwochmorgen um diese Zeit! Dann das Schellen an der Wohnungstür einen Stock höher, und in höchsten Stimmlagen nun die vielfach sich verschlingenden Begrüßungsgirlanden.

Wieder werde ich es einen Tag lang über mir haben, ihr unaufhörliches Schwatzen und Lachen. Kinderweinen ist selten zu hören, und falls doch, mit fast gleichzeitig einsetzendem, vielstimmig tröstendem Singsang. Streit oder auch nur ein lautes Wort scheint es nicht zu geben; aber manchmal fällt etwas zu Boden, oder Stühle werden gerückt über mir, und immer wieder sind ihre Schritte zu hören, mal hier, mal dort. Gegen Abend dann brechen sie auf. Dann wird im Treppenhaus wieder das Trippeln zu hören sein, abwärts; und, wenn sie unten sind und die Letzte raus aus dem Haus, der Knall, zu ist die Tür, dann wird wieder Stille sein über mir.

Noch ist Morgen, der Tag noch frisch und auch das Wetter nicht schlecht, etwas trüb zwar, aber mild. Heute werde ich nicht in der Wohnung ausharren, nicht mich in Geduld und Gleichmut üben oder in der Kunst des Überhörens. Wohin könnte ich mich verziehen? In einen Park – dort ist es ruhig mitten in der Woche – oder, falls es doch zu nieseln anfängt, in die Bibliothek.

Aber heute will ich, bevor ich aus dem Haus gehe, endlich einmal nachschauen, wie viele es denn eigentlich sind, die sich wöchentlich treffen über mir – und sehe ein Stockwerk höher auf dem Treppenabsatz vor der Wohnungstür: ein Schuh-Ornament!

Frauen- und Kinderschuhe, die nicht paarweise aufgereiht stehen, sondern bunt durcheinander, mehr oder weniger ausgetretene Pumps, Sandalen, Sandaletten, Ballerinas – dass es so viele sind!

Und bestimmt sind es noch mehr; ihre Kleinsten, die Schuhlosen, haben sie ja alle auch mitgenommen.

Hinter der Wohnungstür ist Reden und Lachen von Frauen zu hören und Kichern und Tuscheln von Kindern – wie unbekannt mir ihr Leben ist!

Allein, dass sie ihre Schuhe vor der Tür stehen lassen!

Da wo ich in dieser Stadt aus und ein gehe, behalten sie die Schuhe an den Füßen.

Es sind Leute vom Dorf, wird mir gesagt, die sich benehmen, als ob ihnen noch immer der Steppenstaub an den Schuhen haftete, selbst wenn sie in der zweiten oder dritten Generation hier leben!

Meine Mutter, als sie mich in Istanbul besuchte, staunte, dass vieles noch immer ist, wie es offenbar war, als sie vor vierzig Jahren zum ersten und einzigen Mal die Stadt besichtigt hatte – eine Reise per Schiff, im Jahr 1954, klassisches Griechenland und entlang der türkischen Ägäis, geführt von einem Kunsthistoriker aus Zürich.

Aber die Frauen, sagte sie; damals waren in Istanbul die Frauen städtische Frauen, modisch, modern, elegant. Höchstens in einer Gasse irgendwo eine schwarz verhüllte Alte, die um eine Ecke huschte, und wir dachten damals, die stürben langsam aus.

Kindergeschrei hinter der Wohnungstür, Weinen dann und Frauengekeife gleich danach – nun also doch!

Ich raffe mich auf, gehe treppabwärts und hinaus auf die Straße.

GEBURTSTAG

Über die Ufermauer rankende Kapuzinerkresse, üppig blühend in Orange, Rot und Gelb; unten das Wasser, glucksend zwischen Steinen, hochspritzend, wenn Schiffe vorbeigefahren sind, und drüben, schimmernd im Nachmittagslicht, die Stadt der Städte, fast schwebend heute über dem Wasser.

Heute hat Istanbul Geburtstag. Fünfhundertvierzig Jahre genau ist es her, seit das alte Konstantinopel Fatih Mehmet in die Hände fiel. An diesem heutigen Tag fiel ihm zu, was vor ihm viele schon versucht hatten: die Stadt in Besitz zu nehmen; nach fast einjähriger Belagerung.

Zufällig soll, so wird berichtet, während der tagelangen heftigen Beschießung der Landmauer, während des Anrennens und Hereinstürmens in die geschlagenen Breschen, während des Abwehrens und Niedermachens der Eindringenden, ein Tor in der Mauer offen geblieben sein – vielleicht infolge von Erschöpfung und Zermürbung angesichts des nicht mehr zurückzuschlagenden Ansturms, wer weiß, ob sperrangelweit oder nur einen Spalt breit oder schlicht unverschlossen –, so dass die Prophezeiung sich erfüllte an diesem Tag; und das Tor, das heute Eğri Kapı heißt, das Geburtstor Istanbuls wurde.

Und: Heute ist auch mein Geburtstag. Nicht ganz genau

heute, aber auf ein paar Tage mehr oder weniger, finde ich, kommt es nicht an. Mir gefällt, dass mein Geburtstag mit Istanbuls fast genau zusammenfällt. Ein schöner Zufall!

Nur weiß hier niemand davon. Hier interessiert sich niemand für Geburtstage. Oder falls doch, erst seit neuerem, seit sich an Sitten und Gebräuche der westlichen Welt angelehnt wird. Ansonsten werde das Wunder der Geburt nicht per Datum zu fassen versucht, höre ich, nicht an einem einzigen Tag im Jahr das *Ich betrat die Welt* für feiernswert erachtet, sondern Tag für Tag.

Die Füße lasse ich neben den blühenden Kapuzinern baumeln – dass mir die Anzahl der bereits gelebten Jahre nicht auf Anhieb einfällt, dass die Ziffer an Bedeutung verliert, mag sein, es ist, weil die Rechnung inzwischen eine andere ist.

Trotzdem, mir ist sehr feierlich heute.

Feiernswert ist, dass ich hier bin, in dieser Stadt, Tag für Tag.

Am Tag meiner Geburt, nachdem ich das Tor ins Leben endlich passiert hatte, soll die Hebamme hinausgegangen sein in den Garten, um Luft zu schöpfen, und zurück ans Bett der Frischentbundenen gekommen mit einer Kapuzinerblüte, der ersten in jenem Jahr, die sie ihr aufs Kissen legte mit den Worten: zur Feier des heutigen Tages!

Bei Vollmond, heißt es, kommen viele zur Welt; andere am Abend vor dem großen Sturm, oder in der Nacht, als der erste Schnee fiel, oder zur Zeit der Mandelblüte, der Feigenernte, der Weinlese, oder nach dem Opferfest oder während des Umzugs ins neue Haus, oder auf der Flucht; mein Geliebter kam, als die Granatäpfel eben anfingen, vor Süße zu platzen; manche kommen früh, manche spät, manche leicht, manche schwer. Ich kam als erstes Kind meiner Mutter, und: mit der ersten Kapuzinerblüte. Dass die Kapuziner in Istanbul früher im Jahr zu blühen anfangen – vielleicht wär' auch ich hier früher ins Licht –

Mein verzückter Blick auf diese Stadt: Wie verschwenderisch leichtsinnig sie ist, trotz allem Verfall, betörend nachlässig aller Vergänglichkeit gegenüber!

Aber es stimmt schon: Dass Fatih Mehmet, nachdem die Stadt von seinen Heerscharen eingenommen worden war, geplündert und geschändet und alles sonst, was Eroberung mit sich bringt, dass er, der Eroberer, sie, die Stadt seiner Träume, am Nachmittag jenes 29. Mai zu seiner machte, ist, wie ich finde, tatsächlich unerhört und einzigartig!

Immerhin schenkte er ihr, dieser Unvergleichlichen, die es ihm so angetan hatte, dass er nicht nachließ in seinem Eifer, sie sich zu eigen zu machen, obwohl sie nicht mehr die Jüngste war und vor ihm bereits diverse Zeiten durchlebt hatte, glanzvolle und andere, Fatih Mehmet schenkte ihr neues Leben in neuem Glanz – Erneuerung, Verjüngung, Wieder-Geburt.

Aus dem Garten wird zum Tee gerufen.

Ich pflücke drei Kapuzinerblüten, eine rote, eine gelbe, eine orange, gehe hinüber zu den Freunden, die unter Bäumen im Halbschatten sitzen. Ich setze mich zu ihnen und lege die drei Blüten auf den Tisch – zur Feier des heutigen Tages!

VERNISSAGE

Schon kurz nach der Eröffnung ist ein Bild verkauft. Ismet lacht: Wir können nachher alle zusammen feiern gehen!

Nach der Vernissage stellt sich heraus, bei dem einen verkauften Bild bleibt es; zwei noch sind immerhin reserviert.

Ein Bild ist besser als kein Bild, sagt Ismet, und das gehen wir jetzt feiern!

Und also feiern wir.

Der Tisch ist voll und wird immer voller, immer wieder wird noch etwas gebracht, Vorspeisen, Gratiniertes, Gegrilltes, Gedünstetes, Frisches. Es wird gegessen und gelacht, geraucht und geredet, und immer wieder wird nach Wasser und Eis gerufen, und auch Raki muss mehrmals nachbestellt werden.

Später, als Musikanten an den Tisch kommen und aufspielen, wird mitgesungen und mitgeklatscht, Finger werden geschnalzt, Hände gehen in die Höhe, Oberkörper wiegen sich mit. Einer steht auf und fängt an, zwischen den Tischen zu tanzen, die anderen klatschen und feuern an, ein Zweiter steht auf und tanzt; die beiden tanzen sich zu und umeinander herum; dann ruft einer: Ismet komm, tanz mit!

Ismet lacht und klatscht ihnen zu, steht aber nicht auf.

Ismet tanz, Ismet tanz!

Ismet lacht und bleibt sitzen.

Ismet ist es peinlich, flüstert mir mein Geliebter ins Ohr, er hat Angst sich zu blamieren vor ihr, die neben ihm sitzt.

Dass Ismet, der schöne Ismet, der alle paar Wochen eine andere Frau hat, im Bett oder im Kopf oder was weiß ich wo, dass er Angst haben sollte, kann ich kaum glauben.

Doch, schau sie dir an, wie stolz sie ist. Schon seit Wochen hält sie ihn hin, sagt nie *ja* und nie *nein*. Und er glaubt, weil er ein Maler ist, dazu einer selten mit Geld, dass sie auf ihn herabschaut. Sie ist immerhin Juristin, zudem aus reichem Haus.

Ich finde die Frau nicht besonders, weder schön noch interessant; ich verstehe nicht, dass Ismet an ihr etwas findet.

Hast du nicht gesehen, wie er strahlte, als sie endlich doch noch gekommen ist? Er ist verrückt nach ihr.

Bei der Vernissage war sie nicht; aber als sie spät noch zum Essen kam, sah ich, wie sie sich zwischen den Tischen hindurchzwängte, mit dem Mantel an einer Stuhllehne hängen blieb, und dass Ismet aufsprang und ihr half; mich erstaunte, wie sie seine Hilfe annahm, wortlos und ohne ihm ein winziges Lächeln zu schenken. Und als sie schließlich neben ihm saß, sagte sie mit Blick in die Runde: Mein Chef ist ein Idiot. Ausgerechnet heute musste er mir zeigen, worum ich ihn seit Wochen gebeten habe. Nie hatte er Zeit, aber heute, als ich wegwollte, hatte er plötzlich Zeit. Schade, dass ich ihm nicht sagen konnte: Heute habe *ich* keine Zeit!

Nun steht sie auf und fängt an zu tanzen mit den beiden, die zwischen den Tischen tanzen. Ringsum wird geklatscht; und während sie tanzt, schaut sie aus den Augenwinkeln, ob Ismet zu ihr schaut.

Ismet strahlt sie an und steht auf, zögernd zwar, und Röte,

sehe ich, flammt ihm übers Gesicht; aber er beginnt zu tanzen. Er tanzt um sie herum, tanzend umwirbt er sie, geht in die Knie, kommt wieder hoch, klatscht dazu und stampft, er wirft den Kopf in den Nacken, lachend, tanzend.

Mir gefällt, wie er tanzt; mir gefällt, dass er es kann, so ganz aus sich heraus. Auch ihr scheint sein Tanzen um sie herum zu gefallen, ihre Augen lachen. Aber trotz Lachen, sehe ich, ihr Blick ist kalt – wäre Ismets Angst doch nicht unberechtigt?

Plötzlich, mitten im Tanzen, schaut sie auf ihre Armbanduhr, sie müsse jetzt gehen; morgen früh sei ein Gerichtstermin, für den sie noch etwas vorzubereiten habe.

Es gelingt Ismet, sie am plötzlichen Aufbruch zu hindern, indem er nicht aufhört, um sie herum weiterzutanzen. Aber als das Musikstück endet, ist allen die Tanzlust verflogen; die Musikanten bekommen ihr Geld und gehen zum Nebentisch.

Dort, auf dem Tisch, sehe ich, gibt es Erdbeeren, die ersten in diesem Jahr. Ich gebe dem Kellner ein Zeichen, er soll auch für unseren Tisch Erdbeeren bringen.

Mein Geliebter lacht: Fürs gefräßige Istanbul herangekarrt aus den Gewächshäusern im Süden des Landes – die schmecken doch noch gar nicht!

Aber zur Feier des heutigen Tages, sage ich, und um den drohenden Aufbruch noch hinauszuschieben; für Ismet wäre doch traurig, wenn alle anderen auch aufbrechen würden, nur weil *sie* jetzt gehen muss.

Nun müsse sie aber wirklich gehen, sagt sie nach den Erdbeeren und springt auf; und geht wirklich.

Ismet gibt, kurz nachdem sie gegangen ist, meinem Geliebten ein Zeichen, das er zu verstehen scheint; jedenfalls geht er zu ihm hinüber, nimmt unter dem Tisch etwas entgegen und verschwindet damit.

Womit Ismet ihn beauftragt hat, wird mir erst klar, als er zurückkommt und mir ins Ohr flüstert: Mein großer Bruder hat sich wieder einmal verschätzt. So ist er, mein großer Bruder! Immer wenn er etwas verkauft hat, will er feiern und lädt alle Freunde ein, und selten bleibt etwas übrig für ihn. Und heute reicht nicht einmal das, was ich dabeihabe –

Ich verstehe. Und reiche ihm, ohne dass sonst jemand es bemerkt, unter dem Tisch das Fehlende.

Und als mein Geliebter erledigt hat, worum ihn Ismet bat, und an den Tisch zurückkehrt, brechen die Freunde in Lachen aus. Und dann lacht auch er, als er hört, worüber gelacht wird. Dabei hatte ich nur gefragt, woher sie denn wüssten, dass die Frau am Nebentisch Natascha heißt.

Verrückte Geschichte, die er neulich erlebt habe, sagt einer. Eine Übersetzerin, frisch aus Moskau eingetroffen, habe sich im Verlag vorgestellt: Mein Name ist Natascha. Natürlich hätten alle gelacht. Die Arme habe überhaupt nicht verstanden warum. Fast entschuldigend sagte sie: Ja, ein häufiger Name. Worauf natürlich alle noch mehr gelacht hätten; bis sich schließlich jemand erbarmte und sie aufklärte.

NATAŞALAR

Zwei junge Frauen kommen die Treppe herauf, schauen, wo Platz ist, setzen sich und rauchen; dem Kellner, der die Speisekarte bringt, sagen sie, dass sie noch warten.

Auch ich warte noch. Von den Frauen, mit denen ich hier verabredet bin, ist noch keine gekommen.

Jeden Montag treffen wir uns für ein kurzes Mittagessen zwischen der Arbeit. Eine kommt aus ihrer Praxis herüber, eine aus dem Verlag um die Ecke, eine zwischen den Klavierstunden, eine aus dem Büro einer Export-Import-Gesellschaft. So verschieden wie die Frauen sind, ich mag sie alle, und mich freute, als sie mich einluden, an ihrem montäglichen Mittagessen teilzunehmen.

Oft verabreden wir uns hier im Hacı Baba, weil zentral gelegen und doch ruhig. Geradezu lauschig ist es, auf der Terrasse zu sitzen, unter dem Blätterdach mit Blick hinab in den Hof der Aya Triada Kirche. Und außerdem: Die Küche ist gut.

Über Mittag wird es meist voll hier. Aber noch ist nicht ganz Mittag, noch ist das Plätschern vom Brunnen unten im Hof zu hören. Noch stehen die Kellner herum, Ruhe vor dem Sturm, und lassen ihre Blicke schweifen.

Die beiden jungen Frauen am Nebentisch sind nicht ursprünglich von hier, ihre Gesten, ihre Mimik verraten es; ich versuche zu hören, welche Sprache sie sprechen. Und verstehe aus den Blicken der Kellner: Russisch muss es sein. Und nun sehe ich auch, dass fast alle, die die Treppe heraufkommen und sich umschauen nach einem Tisch, mit ihren Blicken über die beiden blonden jungen Frauen gleiten, als ob sie sie abtasteten, und dass allen ein seltsames Lächeln übers Gesicht huscht.

Wartend auf meine Montagsfrauen, wollte ich eigentlich lesen, aber auch ich, als die beiden jungen Frauen aufstehen und zur Toilette gehen, schaue ihnen nach; und als sie frisch gekämmt und geschminkt zurückkommen, packt mich die Wut – all diese Blicke ringsum, die ihnen über Arsch und Beine streichen! Nein, nicht dass diese Frauen geschäftlich hier sind, ärgert mich, seit Jahren, seit der Eiserne Vorhang fiel, sind sie unterwegs hier in der Stadt, aber dass ringsum getan wird, als ob –

Als ob sie nicht hinsähen, schauen sie, heimlich, verstohlen; sie versuchen zu verbergen, dass sie an diesen russischen Frauen nicht vorbeischauen können. Selbst die Kellner, die doch einiges gewöhnt sind, müssen, wenn sie vorbeigehen, mit ihren Augenwinkeln zwinkern.

Ist es die Exotik dieser Frauen aus Russland, die sie so attraktiv macht? Wahrscheinlich haben sie auch anderes zu bieten, wohl auch zu anderen Konditionen.

Viele türkische Männer sollen, wird erzählt, wegen russischer Frauen ihre Angetrauten verlassen haben, und es soll sogar vorgekommen sein, dass einige diesen neuen Frauen gefolgt sind, um jenseits des Schwarzen Meeres ein neues Leben zu beginnen. Sicher ist, dass viele russische Frauen inzwischen ansässig geworden sind in Istanbul und sich ans hiesige Leben angepasst haben; zu sehen auch an ihrer Kleidung – die zwei am Nebentisch tragen satinglänzende Blusen, Jacketts und Miniröcke, hochhackige Lackschuhe und Gold an Hals, Armen und Fingern, nicht sehr viel, aber immerhin.

Damals, kurz nach dem Zerfall des Sowjetreiches, kamen sie in rostigen Schrottschiffen übers Schwarze Meer, um hier Geld zu machen – sie verkauften neben unendlich viel Ramsch und Kleinkram Preziosen aus Familienschätzen, und eben sehr bald schon auch sich selbst. Anfangs kamen vor allem resolute Frauen, die alten Zeiten nicht nachtrauerten, sondern neuen entgegen sich auf den Weg machten und ohne Zögern aufgriffen, was sich ihnen bot. Bunt bemalt und strohblond gefärbt die meisten, standen sie, stumm, rauchend, abwartend, mit hartem Blick, ungerührt unnachgiebig beim Handeln. Wie fremd sie sich damals waren, die übers Schwarze Meer Gekommenen und die Hiesigen! Ohne gemeinsame Sprache und ohne Lächeln standen sie und starrten sich an; nur die Zahlen, die kannten sie alle sofort.

Heute ist es still geworden unten in Karaköy. Heute werden die Geschäfte drüben getätigt, in Aksaray, Lâleli und so weiter. Straff organisierte russische, polnische, rumänische Händlerringe, die den Riesenmarkt fest in Händen halten. Und die Frauen, auch sie sind professioneller geworden; heute sind es sehr junge Frauen, die Töchtergeneration derer, die anfangs kamen. Lachend und schnatternd ziehen sie durch die Stadt, sprechen gut Türkisch und treten selbstbewusst auf. Inzwischen gehören auch sie zu Istanbul. Und: Auch sie haben ihren Namen – so wie in Deutschland jeder Türke ein Ali ist, so ist hier, heißt es, jede Russin eine Nataşa.

Drei der Frauen, mit denen ich verabredet bin, kommen die Treppe herauf; zufällig seien sie sich auf der Straße begegnet.

Sie ziehen ihre Jacken von den Schultern, hängen sie über die Stuhllehnen, setzen sich, bieten Zigaretten an und tauschen Neuigkeiten aus. Nur Alev, die schöne rothaarige Verlegerin, fehlt noch. Ich höre zu, was die Frauen an meinem Tisch zu erzählen haben aus ihren sehr verschieden selbständigen Leben, aber: Mit einem Ohr und einem Auge hänge ich weiter am Nebentisch. Dass auch mich die beiden Geschöpfe dort nicht loslassen, irritiert mich.

Aber nun sehe ich einen zunderroten Haarschopf – Alev! Hinter zwei Herren kommt sie die Treppe hoch.

In unserer montäglichen Mittagsrunde fehlt sie oft, da sie viel unterwegs ist für ihr ambitioniertes Verlagsprogramm, in Amerika oder in Europa, manchmal in Russland.

Als sie sich gesetzt hat, erkundige ich mich, ob sie schon genauere Vorstellungen entwickelt habe zu dem Buch, das sie machen will. Sie wolle ein Buch machen über den Wahnsinn Ehe, sagte sie neulich, dass sie aber wohl selbst noch zu tief drinstecke, ein paar Jahre müsse sie vielleicht noch warten damit; immerhin, sie mache sich fast täglich Notizen.

Ob sie glaube, über Ehe zu schreiben sei möglich ohne Kampfansage und Schuldzuweisung, frage ich.

Ihr sphinxhaftes Lächeln als Antwort.

Einmal sagte sie: Wir Frauen müssen uns unüberhörbar zu Wort melden, mit unseren eigenen Worten, mit unseren Bildern, unseren Assoziationen, unseren Schlüssen, wir müssen unsere eigene Sprache erfinden. Worüber wir sprechen und schreiben ist, sagte sie, beinahe egal, wichtig sei einzig, dass wir es in unserer Sprache tun, aus unserer Sicht, dass wir uns sichtbar machen, lesbar, hörbar.

Willst du Ehe als Hölle vorführen oder ganz und gar ad absurdum, oder in welche Richtung denkst du?

Ach, sehr viel weiter bin ich noch nicht, sagt sie, noch immer mit ihrem Zauberlächeln, aber wie kommst du denn voran?

Ich sei unsicher, ob ich an der ursprünglichen Fragestellung, mit der ich nach Istanbul kam, festhalten solle, sage ich, und während ich erzähle, wie diese zu verändern mir möglich scheine, sehe ich am Nebentisch: Über die Gesichter der beiden Herren, die sich zu den jungen Frauen gesetzt haben, turnt ein grausiges Grinsen; und die jungen Frauen, trotz aller Erfahrung, die sie wohl haben mit solchen Männern, halten sich mit kleinen, heimlichen Blicken, die sie sich zuzwinkern, aneinander fest. Plötzlich tun sie mir leid, diese jungen hübschen Frauen, die so lustig mit türkischen Brocken um sich werfen, wild entschlossen zu tun, wofür sie hier sind, und lachen zu allem, was die Herren erzählen; wobei ich nicht sicher bin, ob sie alles verstehen und ob es wirklich nur zum Lachen ist. Aber sie lachen, als ob sie sich einheizten mit ihrem Lachen. Und die Herren in ihren prall sitzenden Anzügen mit Schlips und Kragen und mit dem Grinsen in ihren Visagen machen sich breit und breiter mit ihren sonoren Stimmen und reden, als ob sie wer weiß wer wären. Das Dilettantische, das Verlogene, das Verschämte trotz aller zur Schau gestellten schamlosen Selbstsicherheit, es macht mich wütend. Und: dass auch ich immer wieder hinschaue.

Wieder reiße ich mich los und sehe Alevs fragenden Blick; und darin, was ich bis heute nicht bemerkt habe: grüne Einsprengsel in ihren goldbraunen Augen. Und wie erstaunlich hell ihre Haut ist, »schimmernder Alabaster«, fast durchscheinend an Schläfen und Brustansatz; und über Wangen und Arme goldgetupftes Sommersprossenfiligran.

Es ist zum Verzweifeln, sage ich, ich drehe die Sätze und die Wörter so lange hin und her, bis sie mir fast zerbröseln.

Ja, so ist es, sagt Alev und lacht. Mehr sagt sie nicht.

Als die Herren am Nebentisch die Rechnung bezahlen, scheinen sie es plötzlich eilig zu haben, während die Frauen noch in ihren Taschen kramen, sich ihre jungen Lippen mit kräftigem Rot nachmalen und sich über ihre Spiegelchen hinweg Zwinkerblicke zublinzeln. Auch die Männer wechseln, während sie ihre Portemonnaies wieder wegstecken, einen aufmunternden Blick. Kellner helfen beflissen die Stühle nach hinten zu rücken, um den Herrschaften das Aufstehen zu erleichtern, und nicken mehrdeutig lächelnd hinter ihnen her, als sie, ihre Jacken zurechtzupfend, zwischen den Tischen hindurch, dann treppabwärts gehen. Einmal noch ist von unten herauf ein Frauenlachen zu hören. Was jetzt sein wird, will ich mir nicht vorstellen.

Wohl möglich, dass auch die Gattinnen der Herren nichts davon wissen wollen. Nein, in deren Haut möchte ich nicht stecken, in niemandes!

Oder vielleicht doch in der der Russinnen – um ihrer Perspektive willen. Um leibhaftig zu erfahren, wie für *sie*, mit ihrer russischen Geschichte im Rücken, Istanbul ist. Wie sahen sie diese Stadt, als sie herkamen? Was sahen sie? Welche Vorstellungen brachten sie mit? Welches waren, außer dem schnellen Geld, ihre Hoffnungen und Erwartungen? Und wie sehen sie Istanbul heute? Und auch: Was würden *sie* von Istanbul erzählen?

Trinken wir noch einen Kaffee?, frage ich; und bitte den Kellner, als er den Kaffee bringt, um die Rechnung, ohne dass es am Tisch bemerkt wird. Worauf er mir mit einer Kopfbewegung zu verstehen gibt: bereits erledigt!

Wieder ist mir nicht gelungen, mich endlich einmal zu revanchieren!

Es wird gelacht.

Ich danke für die Einladung und bitte, dass sie mir nächstes Mal eine Chance geben, damit ich mich endlich nicht mehr nur als Gast in Istanbul fühlen muss.

Wenn es dir gelingt, dann bist du wirklich Istanbulerin geworden!

KAMONDO'LAR

Lass uns ein Buch machen über die Camondos!, sagte am Telefon meine Freundin aus München. Das würde uns doch beide interessieren, die Geschichte einer sefardischen Familie in Istanbul! Gerade eben sei *Le dernier des Camondo* bei Gallimard erschienen, sie werde mir das Buch schicken. Darin sei vor allem deren Zeit in Paris geschildert – wie aber war ihre Zeit in Istanbul? Demnächst komme sie mich besuchen, im Frühjahr, dann könnten wir ja genauer überlegen, wie wir es anstellen. Sie steuere den jüdischen Teil bei und ich den stambulischen.

Noch ist meine Freundin nicht gekommen; aber das Frühjahr ist bereits da. Und auch das Buch, von dem sie sprach; so dass ich inzwischen weiß:

Die Camondos gehören zu jenen, die 1492 aus Spanien rausgeschmissen wurden. Jahrhundertelang hatte das Zusammenleben von Muslimen, Juden und Christen unter arabischer Herrschaft gewährt, nach vollendeter katholischer Reconquista war es abrupt zu Ende. Die Vertriebenen zerstreuten sich in alle Himmelsrichtungen, viele ließen sich rund ums Mittelmeer nieder; die Camondos, nach Zwischenstationen in Triest und Livorno, Venedig und Wien, waren, wie viele andere auch, der Einladung des Sultans ins Zentrum der aufstrebenden osmanischen Weltmacht gefolgt.

Sultan Beyazıt II. soll damals gesagt haben: König Ferdinand von Spanien, von dem es doch heißt, er sei weise und klug, hat seinem Land einen großen Schaden zugefügt, als er die Juden gehen hieß – meinem Land damit aber unschätzbaren Reichtum beschert! (Leider, schreibt der Autor, finde sich dieses Sultanswort nur bei den Juden überliefert, nicht jedoch bei den Osmanen.)

Die Camondos lebten in Istanbul, vermutlich in einem der jüdischen Viertel, lange Zeit ohne dass sie sich besonders hervortaten. Sie trieben Handel, neben vielen anderen Händlern, und stiegen als *Sarraf*, Bankiers im weiteren Sinne, auch ins Finanzgeschäft ein.

Der rasante Aufstieg der Familie begann erst 1832, als Abraham Salomon Camondo, zweiundfünfzig Jahre alt, die Bank Isaac Camondo & Cie alleine übernahm, nachdem sein Bruder an der Pest gestorben war und die Schwester sich nach Jerusalem zurückgezogen hatte. Er baute die Bank zu einem Finanz- und Immobilien-Imperium aus, das bald alle anderen in den Schatten stellte. Zu Ministern und Veziren pflegte er beste Kontakte, wurde deren Bankier und erhielt Zutritt zum Hof, er beschaffte, neben anderen, die Finanzierung des Krim-Krieges und bekam von Sultan Abdül Aziz schließlich ein *Ferman,* eine Sondererlaubnis, die ihm den Besitz von Grund und Boden zugestand, obwohl er »Ausländer« war. Die Camondos hatten sich, warum auch immer, nicht um die türkisch-osmanische Staatsbürgerschaft bemüht, sondern die italienische behalten, die sie seit ihrer Zeit in Livorno innehatten. (Der Autor meint, trotz des langen Aufenthaltes im Orient seien sie doch immer Okzidentalen geblieben.)

Abraham Salomon Camondo, polyglott wie er war, vermittelte mit viel Geschick zwischen ausländischen und osmanischen Interessen, setzte sich ein für Bedrängte im Osmanischen Reich, von Serbien bis in den Libanon, unterstützte großzügig die jüdischen Einrichtungen, stiftete Schulen und Hospitäler in diversen Stadtteilen, finanzierte Soforthilfen nach Feuersbrünsten und Choleraepidemien, kämpfte gegen tumben fatalistischen Konservativismus, beförderte zeitgemäße Bildung, setzte sich für Französischunterricht ein.

Seine Großzügigkeit und sein Einfluss, vereint mit Reichtum und Macht, schenkten den Camondos so hohes Ansehen, dass sie schließlich *les Rothschilds de l'Orient* genannt wurden. (Dass von dieser Familie nur hundert Jahre später keine lebende Seele übrig blieb – wer, fragt der Autor, hätte das damals für möglich gehalten!)

Mitte des 19. Jahrhunderts, als sich der Niedergang des Osmanischen Reichs mehr und mehr abzeichnete, wird Abraham Salomon Camondo begonnen haben, die Situation seiner Familie, deren Oberhaupt er unzweifelhaft war, neu zu überdenken. Und sein Entschluss, den Hauptsitz des Unternehmens nach Paris zu verlegen und die Geschäfte an seine beiden Enkel, Nissim und Abraham, zu übergeben, muss gereift sein, nachdem er in einem Jahr (1866) den Tod seiner Frau, seines einzigen Sohnes und auch seiner Enkelin Rebecca zu beklagen hatte. Als er Istanbul schließlich den Rücken kehrte zusammen mit den Seinen, war er neunundachtzig Jahre alt; ein Jahr später bereits starb er und wurde, seinem Wunsch gemäß, in Hasköy in Istanbul begraben.

Die Camondos in Paris pflegten weiterhin ein sehr großzügiges Mäzenatentum, was allein dadurch bezeugt ist, dass sie einen Großteil ihrer herrlichen Bildersammlung, unter anderem Manet, Renoir, Corot, Sisley, dem Louvre vermachten. Durch und durch assimiliert, gehörten sie zur besten Schicht der französischen Gesellschaft – und doch: Es hat die letzten der Camondo-Nachfahren nicht vor Auschwitz bewahrt.

Die Frage, ob sie überlebt hätten, wenn sie in Istanbul geblieben wären –

Auch in Istanbul war das Leben für Juden unsicher geworden, insbesondere während der jungtürkischen Zeit (1908–1918), so dass viele von dort nach Frankreich strömten; und wieder sorgten die Camondos sehr großzügig für deren Unterstützung.

In Istanbul lebt der Name der Familie in den *Kamondo Merdivenleri* weiter, jener Treppe, die in drei spielerisch eleganten Schwüngen den steilen Hang von der Bankenstraße hinauf nach Galata überwindet – wenn auch leider der Auftraggeber auf keinem Schild dort vermerkt ist. Und auf dem jüdischen Friedhof in Hasköy am Goldenen Horn soll das Mausoleum, zwar verfallen, noch existieren. Zu erforschen wäre, ob es einen Camondo-Palazzo irgendwo noch gibt. Ferner: jene Straße im alten Galata, die einmal Rue Camondo hieß – wie heißt sie heute?

Und ob es hier noch Nachfahren der Camondos gibt? Wie wären sie aufzuspüren?

Vielleicht sollte ich heute Abend die Einladung bei Emels Bruder Haldun und dessen Frau Elif nutzen und nach den Namen seiner Freunde fragen.

Viele seiner Freunde seien Juden, erzählte er damals, als wir übers einst kosmopolitische Istanbul sprachen und was davon noch geblieben ist. Nein, er trauere den alten Zeiten nicht nach, sagte er. Diesen rückwärtsgewandten *Hüzün*-Kult betreibe er nicht – obwohl auch er aus einer alten Familie stammt, die sich auf einen Pascha am Hofe zurückführt –; ihn interessiere, was heute ist: Wo stehen wir heute, was ist heute möglich.

Mir imponierte, wie er bei Tisch mit der leidigen Frage eines deutschen Gastes nach der EU-Mitgliedschaft umging. Seit die Türken das Mittelmeer erreicht haben, vor bald tausend Jahren immerhin – auch wenn es im westlichen Europa viele nicht wahrhaben wollen, die Türken gehören schon aufgrund der langen gemeinsamen Geschichte dazu, sagte er. Ob sie uns nun in ihren Club aufnehmen oder nicht, spielt keine so große Rolle für uns. Wir haben auch andere Möglichkeiten; allein das riesige Mittelasien, die Märkte dort stehen uns offen! Dort sind wir gefragt mit all unserem Wissen und Können. Und wer weiß, eines Tages wird es sich vielleicht sogar umkehren: Nicht mehr wir wollen unbedingt dabei sein, sondern sie wollen uns unbedingt dabeihaben in ihrem Club. So wie es heute aussieht, könnte durchaus sein, dass das alte Europa eines Tages dankbar sein wird, für China produzieren zu dürfen. Heute aber sind wir Europa dankbar, dass sie uns zwingen, unsere Hausaufgaben, die wir natürlich kennen, tatsächlich zu erledigen. Das immerhin ist ein positiver Effekt für uns bei dieser ja doch auch peinlich mühsamen Annäherung Europas an die Türkei.

Haldun hat es mit dem Handel und Vertrieb von Textilverarbeitungsmaschinen zu großem Reichtum und Ansehen gebracht; ja, und auch er sammelt Kunst und unterstützt sehr großzügig diverse soziale Einrichtungen sowohl hier im Land als auch weltweit.

Über seine Freunde müsste möglich sein, mit den hiesigen jüdischen Kreisen in Kontakt zu kommen, so dass, wenn meine Münchner Freundin *inşallah* bald kommt, wir uns gezielt auf die Suche nach den Camondo-Spuren machen können.

OSMANINNEN

In Marmorbecken fließt Wasser, heißes und kaltes, rauscht, strudelt, läuft über, Dampf steigt auf. Mit silbernen Schüsseln schöpfen wir und gießen es uns über Beine, Bauch, Brüste, Arme, Schultern, Rücken, immer wieder schöpfen wir und übergießen uns, sitzend im warmen Wasserdampf, der dicht und dichter wird; wir werden weich und weicher. Und plötzlich, während wir sitzen und uns mit warmem Wasser übergießen, fällt mir ein: Bald ist der Vierzehnte, ich muss meiner Freundin in München unbedingt schreiben, und vielleicht, wenn ich es heute noch tue, kommt der Brief zum Geburtstag noch rechtzeitig an.

Sevinç zieht sich den *kese,* den rohseidenen Frottierhandschuh, über die Hand, bindet ihn fest und fragt: Wer will zuerst?

Ich, sage ich.

Sevinç fasst mich prüfend an, sagt: Deine Haut ist noch nicht offen genug!, und nimmt statt meiner eine der beiden anderen Frauen dran. Während ich weiter warmes Wasser über mich gieße und versuche, wohlig weich mich gehen zu lassen in der feuchten Wärme, staune ich einmal mehr, wie selbstverständlich diese Frauen ihre Körper nehmen. Beide sind sie ungefähr in meinem Alter und auch sie beide nicht mehr jugendlich schlank, aber ich finde diese fülligen, üppigen Frauenkörper schön. Mir gefällt, wie sie in ihrem Körper drin sind, eins sind mit sich in ihrem Leib und ihn nicht nehmen wie ein Ding, das Wartung und Instandhaltung braucht, damit es weiter seinen Dienst tue, das Stück Fleisch, und hergibt, was aus ihm herauszuholen ist.

Selbstverständlich kannst du über mich schreiben, kommt S. auf unser Gespräch im Auto zurück, und nenn mich ruhig beim Namen, da ist doch nichts dabei.

Ich würde also nicht von einer »S.« berichten, sondern von »Sezer«, ob ihr das tatsächlich recht sei.

Ich habe nichts zu verbergen, und Angst, dass ich falsch gesehen werde, diese europäische Angst ist nicht meine Angst. Schreib, was du willst! Letztlich sagt, wer über andere schreibt, selbst wenn er nichts als die Wahrheit zu sagen für sich in Anspruch nimmt, doch am meisten über sich selbst.

Jene, die ausgestreckt auf der Marmorbank liegt und von Sevinç, nein, nicht geschrubbt wird, nicht gerubbelt, nicht gestreichelt, aber an dieser Art Stoffhandschuh muss wohl liegen, dass sich auf ihr grauschwarze Hautnudeln über und über rollen, sie hebt den Kopf und fragt: Schreibst du? Und nachdem ich erzählt habe, woran ich zurzeit arbeite, lachend: Willst du damit den Westen bekehren? Ihnen dort klarmachen, wie beschränkt ihr Blick ist?

Sevinç tippt ihr ans Bein, damit sie sich auf den Rücken drehe. Sie dreht sich auf dem nassrutschigen Marmor um, und Sevinç beginnt von neuem.

Aber eigentlich interessiere mich vor allem, sage ich, wie über lebende Personen zu schreiben möglich ist.

Wie schön, überhaupt schreiben zu können! – nein, wir sprechen Englisch, *how nice to be able to write at all*, sagt sie, was, wie ich finde, nicht dasselbe ist –; sie könne nicht einmal

Liebesbriefe schreiben, oder wenn, dann zerreiße sie sie am nächsten Morgen.

Umso besser, offenbar brauchst du über Liebe nicht zu schreiben, weil du Liebe vermutlich lebst.

Sie würde mir raten, über den heutigen Hamam-Nachmittag zu schreiben, so etwas werde gerne gelesen, besonders übers Hamam.

Ja, es hat lange gedauert, sage ich, bis sich mir endlich die Gelegenheit bot, ins Hamam mitgenommen zu werden; eigentlich ist es eine lustige Geschichte, finde ich, mitsamt meinen ersten Erfahrungen, wie Verabredungen hierzulande zu nehmen sind. Nachzutragen wäre also: Bei Sezer war's, wo ich den ersten Versuch wagte und scheiterte.

Auch ihren Namen, sagt Sezers Freundin, dürfe ich selbstverständlich nennen, gerne sogar, ihr gefalle, wenn über sie geschrieben werde. Oder ich könne überhaupt ihre Familiengeschichte aufschreiben; eine interessante, sehr verwickelte Familiengeschichte, typisch armenisch, weil eng verflochten mit der des armenischen Volkes. Eine Geschichte, die 1840 im Kaukasus beginne und schließlich bis nach Istanbul führe, bis zu ihr.

Sie, die mir ihre Geschichte mitsamt Namen anbietet, heißt Verkin.

Verkin ist Virgo auf Armenisch, sagte sie, als wir uns bekannt machten, aber der Name passt nicht zu mir, wie eine Jungfrau lebe ich ganz und gar nicht.

Verkin gefällt mir, ein schöner Name. Und sie, wie sie daliegt, glänzend, weich, goldbraun noch vom Sommer und leicht bewegt von Sevinçs gekonntem Schrubben – eine schöne Liegende!

Verkin spürt, dass ich sie anschaue. Ja, schau nur! Sevinç

ist eine der Besten! Mehr als dreißig Jahre hat sie Erfahrung. Sie hat wirklich Ahnung von Frauen wie selten eine! Manchmal, während sie mich wäscht, stelle ich mir vor, wie unendlich viele Frauen sie schon in ihren Händen hatte und was alles sie gesehen und gehört hat, all die Geheimnisse der Frauen, ihre Sorgen, ihre Wünsche, ihre Ängste – was alles sie weiß, die ganzen heimlichen Liebesgeschichten, Listen und Intrigen, wer wen geliebt hat und betrogen und so weiter. Geliebte vieler großer Männer haben sich von ihr waschen und beraten lassen und vorbereiten für die Nacht; sie kann wirklich mehr als nur Waschen!

Sevinç lächelt, während sie ihre Arbeit tut, nun an Verkins Armen; sie scheint zu verstehen, trotz Englisch.

Auch ich, sagt Verkin, nun auf Türkisch, wenn ich einen neuen Geliebten habe, lasse mich ausgiebig und sorgfältig von ihr pflegen und beraten.

Evet canım, ja meine Liebe, so ist das!, sagt Sevinç, unverändert lächelnd, greift nach der Schüssel, schöpft Wasser und gießt es über Verkin, dann über die Marmorliege, und spült die abgerubbelten Hautnudeln weg. Schau nur, wie viel du heute wieder losgeworden bist! Und nun, *güzelim,* meine Hübsche, leg dich wieder zurück auf den Bauch! Und noch einmal legt sie Hand an Verkin, wäscht sie mit schäumender Olivenseife.

Heute Morgen, als ich nach langem einmal wieder bei Sezer vorbeischaute, zeigte sie mir zwei Bücher, die sie herausgegeben hat, eines mit nachgelassenen Texten ihrer berühmten, viel zu früh verstorbenen Schwester Tezer, das andere über Oğuz, den ebenfalls sehr früh verstorbenen Dichterfreund. Und zurzeit, sagte sie, übersetze sie wieder, dieses Mal Böll, obwohl sie eigentlich nicht mehr übersetzen wollte; zu hartes Brot, und karg, was dabei abfällt, davon wirst du nicht satt.

Aber wenn du, die beste aller Übersetzerinnen, die wie keine andere zwei Sprachen so beherrscht, dass du sogar beidseitig so übersetzen kannst, dass nicht nur keine Frage aufkommt, wie es im Original heißen mag, sondern du den O-Ton so triffst, dass, soweit ich es beurteilen kann, Untertöne und Nebenklänge zu hören sind, wenn du aussteigst aus diesem Geschäft, wird es ein unersetzlicher Verlust sein für die lesende Menschheit!

Sezer lachte, mein Honig um ihren Bart schien ihr nicht zu süß; jedenfalls fuhr sie fort: Und außerdem habe sie einen Kongress organisiert für Kulturschaffende aus den Ländern ums Schwarze und ums Baltische Meer herum. Stell dir vor, auf dem Schiff, ein schwimmender Kongress! Übers Schwarze Meer sind wir gefahren, durch den Bosporus, mit Station in Istanbul, bis nach Athen! Und übergangslos: Eigentlich bin ich grad auf dem Sprung zu einer Freundin, die hat in ihrem Haus ein privates Hamam, willst du mitfahren?

Es ist wirklich zum Lachen – ausgerechnet du fragst mich, ob ich mit ins Hamam will! Damals hast du dich so ausgelassen über die Hamam-Geilheit europäischer Menschen, dass ich niemals annahm, du selbst würdest ins Hamam gehen!

Sezer erinnerte sich an nichts. Immer schon gehe sie ins Hamam, vor allem im Winter, oft zusammen mit Verkin, es sei fast schon Tradition. Aber zugegeben, im Privat-Hamam ist es natürlich ein besonderer Genuss!

Gut möglich also, dass alles ganz anders war –

All die verwickelten Geschichten zu Verkin, die mir Sezer erzählt hat im Auto unterwegs hierher, Geschichten, als ob

Schicksal die Hand mit im Spiel gehabt hätte; und je mehr sie erzählte, immer noch eine Person flocht sie ein mit wieder neuen Verstrickungen, und je länger wir fuhren an immer noch einer Bucht vorbei mit wieder anderen Ausblicken auf den Bosporus und die Hügel ringsum, umso mehr begannen Personen und Episoden, Zeiten und Orte sich zu vermischen, so dass ich, aufgeweicht, wie ich nun doch bin und krebsrot von der warmen, feuchten Hamamluft, nicht mehr alles zusammenbringen und auseinanderhalten kann; aber eines Tages, wer weiß, vielleicht erzählt mir Verkin ja tatsächlich ihre Geschichte.

Verkin sitzt mit geschlossenen Augen zwischen Sevinçs Knien und lässt sich von ihr den Kopf massieren. Ein schönes, ein interessantes Gesicht! Und doch, etwas Gehetztes, Zerrissenes ist darin. Ja, ihre Geschichte aus ihrem Mund zu hören gefiele mir! Oder war es wieder nur einfach so eine Idee, leicht dahergesagt? Ich frage Verkin, was sie studiert habe, ob Sprachen oder was sonst.

Verkin öffnet die Augen, greift nach einer Flasche, reicht sie Sevinç, sie solle ihr das Haar mit dieser Lotion einreiben, dann zu mir gewandt: Alles habe ich studiert, und nichts zu Ende. Und spöttisch lachend: Kein Fach hat mir gepasst, wie es gelehrt wird; meine Interessen sind viel zu breit gefächert.

Welches ihre Interessen denn seien, mit was sie sich beschäftige.

Ich bin Armenierin, sagt sie, nun plötzlich auf Deutsch, und ich bin Osmanin, und das Leben, das ich führe –

Sezer unterbricht: Seit wann sprichst du wieder Deutsch?

Seit eben! Eben gerade habe ich mich anders entschieden!

All die Jahre hast du dich geweigert, und nun plötzlich –

Warum sie kein Deutsch mehr gesprochen habe, frage ich.

Aus Solidarität mit den diskriminierten Türken in Deutschland. Sollen sie doch die Türken Türken sein lassen! Aber jetzt eben dachte ich, nun reicht's!

Verkins Fähigkeit, Sprachen fast mitten im Satz zu wechseln: Vorher am Telefon sprach sie Französisch, den Chauffeur wies sie auf Türkisch an, was er in der Stadt für sie zu erledigen habe, und was sie mit den jungen Mädchen im Haus sprach – anfangs hielt ich sie für Töchter, so ungezwungen wie sie sich bewegen, jugendlich gekleidet in Jeans und T-Shirt –, das sei, sagte sie, Armenisch.

So wie du von einer in die andere Sprache schlüpfst, scheinst du ein Sprachgenie zu sein, sage ich und sehe: Honig ums Maul geschmiert oder eben Butter aufs Brot, ist auch ihr nicht unlieb; ich frage, welche Sprachen sie sonst noch spreche.

Griechisch noch und ein bisschen Italienisch, und die nächste Sprache, die sie lerne, sei Jiddisch, die Sprache ihres jetzigen Geliebten. Der sei nämlich Jude. Ein Jude in New York! Zum ersten Mal in meinem Leben liebe ich einen Juden! Sie sagt es mit einem triumphierenden Lachen; und wirft hinterher, als ob irgendein Wort gefallen wäre in irgendeine Richtung: Sagt bloß nichts gegen die Juden! Juden sind die interessantesten Menschen überhaupt, gescheit, geistreich, witzig und: gut im Bett!

Sevinç schüttet schüsselweise Wasser über die Marmorliege, um die letzten Reste Seifenschaum wegzuspülen, und gibt Sezer ein Zeichen, dass sie nun dran sei.

Verkin, sitzend, noch immer mit Lotion im Haar, die weiter einwirken muss, streckt einen Fuß aus und lässt ihn kreisen, dann den anderen; sie streicht mit der Hand über Fersen, Knöchel und Rist, schaut kontrollierend ihre Fußnägel an und seufzt: *Ah, I am so much in love with him!* Schon vier

Monate, dass sie ihn nicht gesehen habe, vier Monate, eine entsetzlich lange Zeit! Aber nächste Woche endlich fliege sie wieder hin, sagt sie und steht auf und fragt, wer von uns eine Limonade trinken möge, und ruft nach den Mädchen im Haus; und als eines hereinschaut, teilt sie mit, was gewünscht wird; und als das Gewünschte gebracht wird, nimmt sie es wortlos entgegen, reicht es weiter und sagt: Um noch einmal auf deine Frage zurückzukommen – zurzeit beschäftige ich mich mit Zoroastrismus.

Ach ja?

Mit einem Glas Limonade in der Hand, stehend noch immer, sagt sie: Die Religion der Armenier, bevor sie Christen wurden, war zoroastrisch. Die Armenier waren ja so ziemlich die Ersten, die das Christentum annahmen, und sie haben es, diese Idioten, auch gleich zur Staatsreligion erklärt – so eine Scheiße, gebracht hat es ihnen nichts!

Vielleicht werde ich, falls Verkin mir eines Tages ihre Geschichte tatsächlich erzählen sollte, von ihr eine Version erfahren, was es mit der sogenannten »Armenischen Frage« auf sich hat, die anders ist als die offizielle hierzulande und anders auch als die in Europa übliche – ich sage, leider sei mir bis heute nicht gelungen, nach Türkisch-Armenien zu fahren. Ani mit seinen wunderbaren Kirchen müsse traumhaft sein, nach den Fotos zu urteilen, mitten in großer, weiter Landschaft.

Ani ist einmalig!, sagt Verkin stolz.

Ihr Stolz gefällt mir.

Ani, die Hauptstadt des alten Armenischen Reiches um die Jahrtausendwende, war ein wohlhabendes, mächtiges Handels- und Kulturzentrum, direkt an der Seidenstraße gelegen. Und apropos zoroastrische Kulte: In Ani gibt es noch Reste eines Tempels aus vorchristlicher Zeit, in dem sie das Feuer angebetet haben. Lange vor der christlichen Zeit schon war Ani ein Weltzentrum, in dem sich sämtliche Kulturen jener Zeit trafen und mischten – heute interessiert sich niemand für Ani; mehr und mehr verfällt es.

Ob der Staat nichts für die Erhaltung tue.

Wenig, sehr wenig. Ich aber, ich engagiere mich dafür! Nein, nicht allein. Aber immerhin haben wir nun erreicht, dass Ani als Weltkulturerbe bei der Unesco anerkannt wurde. Und übrigens, Monsieur Chirac persönlich habe die Schirmherrschaft übernommen, fügt sie noch hinzu, in stolzem und zugleich spöttischem Ton, nachher werde sie mir die Unterlagen zeigen.

Ich frage, wie ihre Arbeit konkret aussehe.

Zurzeit sei sie dabei, eine Stiftung ins Leben zu rufen, damit die Gelder fließen könnten. Darum müsse sie viel in der Welt herumfliegen. Um die Sache in Gang zu bringen und die richtigen Leute miteinander in Kontakt, damit nicht dilettantisch vorgegangen werde, nicht nach persönlichem Gutdünken Einzelner, die keine Ahnung hätten. Die Schwierigkeit dabei ist, sagte sie, dass von Armenien kaum etwas gewusst wird. Literatur zu armenischer Geschichte und Kultur existiert nur sehr wenig, eben weil niemand, weder die Türkei noch Europa, sich dafür wirklich interessiert – höchstens, wie sie es benützen können, das wissen sie, benützen für ihre je eigenen Interessen.

Plötzlich tut mir Verkin leid; ich frage, ob sie oft nach Ani fahre.

Zurzeit liegt Ani unter meterhohem Schnee, aber im Sommer, wenn sie dort bei der Konservierungs- und Restaurierungsarbeit sind, dann fahre ich oft hin.

Nächstes Mal, wenn sie hinfahre, ob ich mich eventuell anschließen dürfe.

Ja sicher kannst du mitfahren.

Wunderbar, sage ich – und hoffe, dass es wahr wird.

Draußen wird es langsam dunkel, am gegenüberliegenden Bosporus-Ufer gehen mehr und mehr Lichter an; im Kamin brennt Feuer, sein Widerschein tanzt auf den Wänden und in den großen Spiegeln des Salons und lässt die Farben der Kelim-Decken und -Kissen, die auf Sesseln und Diwanen liegen, erglühen. Wir, uns erholend nach dem Hamam, essen Yoghurtsuppe und Börek, plaudern, lachen und lästern über Gott und die Menschen. Über die Männer besonders, im Allgemeinen und im Speziellen, sie abhandelnd als zweierlei Spezies: *époux* und *amants*. Beide werden gebraucht, wird mir gesagt, und beide behandelt, wie es ihnen gebührt, so ist das hier, und alle wissen, woran sie sind und richten sich ein danach, jedem sein Part, den Frauen ihren; damit können alle sehr gut leben, höre ich und finde diese beiden selbstbewussten Frauen überzeugend und dass zweifelsohne stimmt, was sie sagen.

In Amerika, sagt Verkin, glauben die Leute, ich sei wie sie, westlich modern, mit wissenschaftlichem Weltbild und einem Lebensstil, der zeige, dass ich das Recht auf persönliches Glück ganz und gar in Anspruch nähme – aber sie täuschen sich, ich bin nicht wie sie, ihr Glück ist nicht mein Glück, denn in Wirklichkeit ist das Leben, das ich führe, ein osmanisches!

Auch Sezer sagt, sie sei Osmanin; ihr Leben sei zwar, sagt sie, ein völlig anderes als das von Verkin, aber definitiv nicht europäisch. Und Sevinç, die etwas abseits sitzt und in Zeitungen liest, lächelt vor sich hin, ob über Gelesenes oder das Gesprochene, erkenne ich nicht. Hin und wieder kommt sie ans Feuer, um ein Holzscheit nachzulegen, nimmt sich von Börek und Kuchen und zieht sich wieder zurück; und nur wenn sie direkt angeredet wird, sagt sie etwas, diskret, nicht servil.

Während Sezer und Verkin sich weiter über gemeinsame Bekannte und neueste Stadtereignisse unterhalten, schaue ich hinaus in die Nacht, die sich herabgesenkt hat über den Bosporus mit seinen vom Schwarzen Meer kommenden und zum Schwarzen Meer gehenden Schiffen, die nur mehr an ihren Lampen zu erkennen sind, rote, grüne, weiße, durchs lichtergepunktete Dunkel gleitend; und plötzlich ist mir, als ob ich nicht ich sei, oder verrutscht in osmanische Zeit – obwohl ich nicht weiß, was genau ich mir darunter vorstellen soll.

Und Ayşe fällt mir ein, die erzählt hat, in ihrem Elternhaus habe, als sie Kind war, eine Tante Klara mitgelebt, und dass diese Klara eine Armenierin war, die als verwaistes junges Mädchen, fast noch Kind, in die Familie aufgenommen worden sei. In den alten Istanbuler Familien, sagte sie, war es üblich, elternlosen Kindern eine Zukunft zu geben; alles, was sie zum Leben brauchten, erhielten sie wie die eigenen, Liebe und Ausbildung, und die Mädchen, falls sie heiraten wollten, auch eine dem Stand der Familie entsprechende Aussteuer. Klara jedoch, sagte Ayşe, wollte nicht heiraten und blieb bis an ihr Lebensende in der Familie, die ihre geworden war. So war das damals, sagte Ayşe, eine gute alte Sitte aus osmanischer Zeit.

Dieses Leben hier, wie auch immer es genannt wird, ich finde es wunderbar; und meiner Münchner Freundin würde es bestimmt auch gefallen. Vielleicht kommt sie, was sie doch schon lange vorhat, mich endlich besuchen, wenn ich ihr zum Geburtstag vom heutigen Hamam-Nachmittag schreibe.

Schreibst du Orientalismen à la Pierre Loti? – Verkins spöttische Frage vorhin.

Mag sein, da ich nun einmal nicht ursprünglich von hier bin, dass mein Blick auf die hiesige Welt, ich kann es nicht ändern, europäisch ist.

Immerhin: Brigitte, Verkins Freundin aus Paris, die zurzeit im Haus zu Besuch ist, habe ich bis dahin unterschlagen, ausgeklammert aus meinem Bild –

Jetzt also ergänze ich: Brigitte sitzt links von mir auf dem Diwan, und sie war mit im Hamam; ihretwegen sprechen wir übrigens Englisch.

Aber wenn meine Münchner Freundin an Brigittes Stelle säße: Wäre sie angesichts von Sevinçs gekonnter *épillage* ebenso zögerlich wie Brigitte, ungläubig, dass tatsächlich nicht weh tut, fast nicht, wenn sie dir die geknetete und gezogene, zähe, silbern glänzende Masse aus Zucker und Zitronensaft auf die Haut drückt überall dort, wo du willst, dass sie dir die Haare mitsamt der Masse ritsch ratsch vom Leib reißt? Allein schon »reißen« – welches Wort wäre besser, weil wohl tut, dass eine dich nicht mit Gummihandschuhen anfasst oder mit Apparaten an dir herumhantiert, sondern dich nimmt, wie du bist, eine Frau, ein Frauenkörper?

Und schreib auch, schlug Verkin vor, dass sie dir sogar die Muschi enthaart, falls du es willst; das ist für europäische Gemüter prickelnd, es macht sie scharf und beschämt sie zugleich!

Ja, meine Münchner Freundin ist leicht zu haben für Neues, ihr fiele nicht schwer zu akzeptieren, dass es Kismet hier wirklich gibt, neben allem anderen, was es natürlich auch gibt – nicht wie Brigitte, die meint, Kismet sei nichts als Zufall.

Zufall – was dir zufällt!

Und vielleicht, wenn ich meine Freundin, mitsamt ihrem Namen, Rahel oder wie auch immer sie dann heißen möchte, ins Hamam mitsetzen würde in ihrer Geburtstagsgeschichte zusammen mit Sezer und Verkin und mir – vielleicht gefiele es ihr sogar, und sie käme mich endlich doch besuchen in Istanbul!

Verkin ruft eines der Mädchen, verlangt nach ihrer Handtasche und reicht mir ihre Karte: Du kannst mich immer besuchen, wenn du willst, komm einfach her!

Oder ich ruf dich vorher an, was weiß ich, ob du grad in New York bist bei deinem Juden oder sonst wo in der Welt.

Sie lacht. Und wenn du nächstes Mal kommst, erzähle ich dir von meiner Familie, eine wirklich interessante Geschichte, die, wenn sie aufgeschrieben würde, leicht ein Bestseller werden könnte; wie die von der letzten Sultanin – wie hieß sie noch, die sie aufschrieb?

Ob ich dieser armenischen Königin ein angemessen glänzendes Porträt zu verfertigen in der Lage sein werde? Falls es überhaupt je dazu kommt –

DAS UNSÄGLICHE WORT

Heute gehst du zu ihm.

Mais oui, ma chère, sagte er, *vous êtes toujours la bienvenue!*

Türen und Fenster stehen offen für durchziehende Luft, und ich, frisch geduscht, probiere vor dem Spiegel, welches Kleid für den Besuch bei ihm passt.

Du bewunderst ihn.

Ich bewundere seine Sprache, seit ich das erste Mal etwas von ihm las, sein präzises Setzen von Worten und das Auslassen, Bedeutung verschiebend, verändernd, verdoppelnd, sein virtuoses Spiel mit verschiedenen Ebenen – aber vielleicht sollte ich doch eher das mauvefarbene Kleid, obwohl –

Obwohl was?

Ich weiß, wichtig ist nicht, was ich anhab, sondern dass ich gut drauf bin, gesprächig, mitteilsam, unterhaltsam, nicht sprachlos stumm wie so oft, wenn es drauf ankommt.

Was könntest du ihm denn erzählen?

Mir fällt nichts ein jetzt.

Und auch die Schminkerei gelingt nicht auf Anhieb –

Du bist nervös.

Aber ich will doch gar nichts weiter von ihm.

Und er nicht von dir.

Damals, als er fragte, was ich denn so mache die ganzen Tage in Istanbul, erzählte ich, um nicht von meiner Arbeit zu reden, von meiner Liebe. *Un amour fou qui m'occupe complètement*, und dass kaum noch Zeit für etwas anderes bleibe, schon gar nicht für meine Arbeit. Worauf er lächelte: Wie schön für Sie, selten wie solche Liebe ist! Arbeiten, ich bitte Sie, das können Sie später noch lange!

Du musst los jetzt!

Ob ich die Sandaletten oder doch lieber Pumps?

So blütenblätterhaft sind deine Füße nicht mehr!

Aber in den Spiegel ein letzter Blick, und runter die Treppen und raus jetzt – knall, zu ist die Tür. Draußen auf der Straße prallt Hitze.

Geh langsam, sonst kommst du ins Schwitzen, auf die fünf Minuten kommt es nicht an!

Langsam gehe ich auf der schattigen Seite die Straße hinauf, vorbei am Bakkal, dem Krämerladen, und an der *kırtasiye* – dies köstliche, im Gaumen kitzelnde Wort für Papeterie! Oben vor der Lokanta der Obsthändler, der vom Wagen herab sein Obst verkauft, hat, sehe ich, den ganzen Platz im Blick, während er Pfirsiche in die Waagschale legt und rasselnd die Gewichte verschiebt.

Und sein gemurmeltes *merhaba,* als er die Pfirsiche in eine Plastiktüte kippt, gilt dir.

Ich nicke zurück, freundlich, nicht zu freundlich – dieses ewige Jonglieren, damit immer klar ist, wie's steht! –, gehe schräg über den Platz, an den Taxis vorbei und an der kleinen hellgrünen Moschee und am Geschäft vom Eier- und Joghurthändler –

Zu dem du nicht mehr hingehst, seit er dir sauren Joghurt verkauft hat.

Nein, das lass ich mir nicht gefallen!

Blick auf die Uhr – um vier sei dir recht, sagtest du, jetzt ist es fünf Minuten vor!

Aber die Hitze heute, trotz Schattenseite. Und die Gerüche, aus jedem Laden, Café, Kiosk, aus jedem Tor, jedem Hof, jeder Seitenstraße. Und drüben das ganze Schaufenster voll *turşu,* sauer Eingelegtes, aufgetürmt in Gläsern, die prallen Farben in der knallen Sonne, Grün, Rot, Gelb, Rot, Grün, Orange.

Und dass ausgerechnet heute in der Straße, die von Cihangir nach Beyoğlu hinüberführt, der Antiquitätenhändler vor seinem Laden sitzt –

Als du neu hier warst, hast du bei ihm ein Tischchen gekauft, viel zu teuer, aber seine verführerisch schönen Augen; und seither schaust du, ohne hinzuschauen, wenn du an seinem Laden vorbeigehst, ob er da ist.

Tische, Stühle, Lampen, nein, ich brauche nichts, und dass er heute draußen sitzt, nicht im stickigen Laden drin – verständlich bei der Hitze.

Er hat dich bereits gesehen!

Immer, wenn ich nach Beyoğlu hinüber an seinem Laden vorbeigehe, grüßen wir uns.

Aber sein Lächeln heute, du siehst es genau, und sein *merhaba* sind mehrdeutig.

Er soll sich nichts einbilden, nur wegen seiner Augen!

Nur dass du heute weniger als sonst fertig wirst mit ihm.

Mit hochhackigen Schuhen auf der unebenen Straße – ich muss aufpassen, nicht zu stolpern.

Trotzdem, sein Blick, den du erwischst, obwohl du nicht hinschaust: Wo gehst du denn hin, *güzelim,* dass du so aufgeregt bist!

Ich muss mich beeilen, springe aufs kniehohe Trottoir, einem Auto ausweichend, und mir fällt ein: Vom schönäugigen Zerberus, an dem es kein ungesehenes Vorbeikommen gibt, könnte ich erzählen, vielleicht ergäbe dies eine hübsche kleine Geschichte.

Nun erzähl du auch einmal etwas, sagte damals beim Essen Demir zu dir, erzähl irgendeine Episode aus deinem Leben, oder, wenn dir nichts einfällt, denk dir etwas aus, eine kleine hübsche Geschichte!

Ja, ich erzählte von der geprellten Nase. Eine Geschichte, in der einmal mehr die Liebe als Illusion entzaubert wird, zu Fall gebracht in der gläsernen Drehtür eines Luxushotels.

Eine lustige Geschichte, wurdest du damals gelobt – das Lob tat dir wohl.

Und nicht schlecht erzählt, sagte Demir. Nur hättest du nicht sagen sollen, dass die Geschichte »wahr« ist – du kennst doch die Sitten schon einigermaßen und weißt: Wir erzählen, um uns zu unterhalten, nicht, um uns zu informieren.

Ja, damit lustig sei, unterhaltsam, erzählte ich nicht, wie es wirklich war: entsetzlich.

Vorbei am Griechischen Konsulat, davor keine aufgeregten Griechen heute und keine Diplomatenwagen, die wie sonst oft die schmale Straße verstopfen; nur die Polizisten gegenüber, blicklos wie immer. Und oben an der Ecke das Haus mit verbarrikadierten Türen und Fenstern, ein schönes Stadthaus, schade nur, dass es so vor sich hin steht, Verfall und bald auch dem Einsturz preisgegeben. Und gegenüber der hohen Mauer vom *Galata Saray Lisesi* jenes schmale Haus, wo es oben im Dach gebrannt hatte, und du dich fragtest: Wie werden sie es löschen, so eng wie die Häuser hier stehen? Und eine Stunde später, als der ganze Feuerwehrzauber verschwunden war, ob es wirklich war oder ein Traum. Einzig *Itfaiye*, das majestätische Wort als erinnertes Schriftbild, weiß auf rot, prangend auf dem Löschfahrzeug, gab dir Gewissheit.

Ja, von der Freude über die Pracht eines Wortes, davon könnte ich sprechen, und vom Glück, dass Erinnerung allein genügen kann als Vergewisserung.

Falls dir gelingt, es hübsch zu erzählen!

Oder vom Georgier weiter oben an der Straße, jenem fließend Französisch sprechenden Teppichhändler, der früher, wie er sagte, in der Sowjetarmee Berufsoffizier war.

Von seiner Geschichte erinnerst du nur, dass sie dir unglaublich erschien, krumm.

Und auch seine Teppiche gefielen mir nicht; erstaunlich war nur sein Französisch.

Oben an der Ecke, sehe ich, stehen sie wie immer Schlange vor der Wechselstube, heute eng an die schattige Hauswand gedrängt, um harte und weiche Devisen zu tauschen.

Und wieder die pralle Sonne auf der Istiklâl Caddesi, wie immer voller Menschen. Ich schlängle mich durchs Gewühl, versuche, spät wie es nun doch ist, einigermaßen voranzukommen.

Bald bist du bei ihm!

Nein, ich stell mir nichts vor.

Aber du läufst schon.

Ich muss ihm endlich sagen, dass es sich um ein Missverständnis handelt, dass jenes Wort so nicht gemeint war.

Zufällig wart ihr an seinem Haus vorbeigekommen, und Demir fragte dich, ob ihr raufgehen und bei ihm reinschauen solltet, worauf du fragtest, welchen Ferit Bey er meine, weil du nicht zu glauben wagtest, dass er jener sei, den kennenzulernen du dir wünschtest, seit du in Istanbul bist, und an den du zuerst denkst, wenn du diesen Namen hörst; und als Demir dich ihm vorstellte, da sagtest du –

Ich sagte, wie sehr ich mich freue, dass nun mein lang gehegter Wunsch in Erfüllung gehe; denn Sie sind, so sagte ich, von außerordentlicher Bedeutung für mein Leben, natürlich ohne dass Sie davon wissen – durch Ihre Bücher haben Sie es entscheidend beeinflusst. Worauf er sagte: *Ah quel honneur, Madame*, und dass ihn natürlich freue zu hören, seine Bücher würden gelesen, wenn er auch bezweifle, dass sie es verdienten, für so wichtig genommen zu werden.

Und dann sagtest du jenen Satz –

Ja, jenes Wort nicht gesagt zu haben, darum gäbe ich viel!

Vor seinem Haus jetzt fasse ich den Türgriff, trete ein in den schattig kühlen Flur und versuche, geblendet noch vom gleißenden Sonnenlicht, mich ans Dämmer zu gewöhnen und Hitze und Aufregung abzuschütteln; ich atme tief durch, gehe zum Lift und drücke den Knopf, ich höre den Lift oben sich in Bewegung setzen und sehe durchs Gitter die langsam laufenden Seile; ein altes Haus, echt Jugendstil, sogar der Lift mitsamt seinem Käfig, und draußen die Fassade mit den geschwungenen Balkongittern und Stukkatur-Schnörkeln, geschwärzt zwar von Istanbuls Winterluft; aber jetzt ist Sommer.

Damals sagtest du, seiner *Aufzeichnungen eines Schiffbrüchigen* wegen seist du in dieses Land gekommen, sie hätten dich bewogen, es hier zu versuchen, nicht anderswo.

Darauf er: Sie sind sehr charmant, Madame, um nicht zu sagen, Sie schmeicheln mir!

Aber sein Lächeln – du konntest es nicht entziffern.

Ich fragte mich, ob das französische *flatter* genau deckt, was ich mir unter *schmeicheln* vorstelle, und was es aus seinem Mund heiße; und sagte: Nein, ich schmeichle nicht, sondern es ist die reine Wahrheit: Sie haben mir eine neue Welt eröffnet.

Sie sind, sagtest du –

Sie gaben mir den Schlüssel dazu, sagte ich.

Du sagtest: Für mich sind Sie das Tor zum Orient.

Ja, ich hätte es nicht sagen sollen, nicht dieses Wort!

Der Lift ist angekommen; umständliches Genestel, um die Gittertür zu öffnen, und beim Betreten leichtes Schaukeln wie in einer Gondel, ich schließe die Tür hinter mir, wieder mit umständlichem Genestel, drücke die Drei und sehe, wie die Gittermuster abwärtsgleiten, während ich langsam ruckelnd emporgefahren werde.

Sein indigniertes Lächeln dann und sein *»L'Orient« – je vous en prie, ma chère, que est-ce que c'est alors!* –

Ja, ich verstand den Fauxpas sofort.

Und Demir, der dich später, draußen auf der Straße, fragte, warum du es ausgerechnet ihm sagtest, der sich doch selbst ganz und gar nicht als Orientale versteht –

Nein, sehr schlimm sei es nicht gewesen, meinte Demir, nur halt ein bisschen ungeschickt.

Du wusstest doch, dass Ferit Bey viele Jahre in Paris gelebt hat und bewandert ist in Literatur und Kunst, europäischer und asiatischer, wie selten einer.

Aber durch seine Distanz zu diesem Land hier, das trotz allem auch »seines« ist, entsteht in seinem Schreiben eine Skepsis, zärtlich und schmerzhaft zugleich, die es mir möglich gemacht hat, hier Fuß zu fassen.

Das abrupte Halten des Lifts, mit leichtem Nachschaukeln, und plötzlich das Herz, heftig bis in den Hals – jetzt bist du da!

Ich trete aus dem Lift, drücke den Klingelknopf, es schellt;

dann Schritte – die Tür wird geöffnet. Ich höre mich der Dame im Vorzimmer sagen: Ich werde erwartet. Lächelnd greift sie zum Telefonhörer, fragt, wen sie melden dürfe.

Sie meldet dich an jetzt, und du –

Ich stehe und warte, bis ich –

Du stehst und wartest und fragst dich, wie lange du hier wohl warten wirst.

Dieses Warten –

Ja, du kennst es – Warten voller Angst, dass du nicht erwartet wirst.

Plötzlich versteh ich nicht, wie es kommt, dass ich hier in diesem Vorzimmer stehe.

Dass du den Mut hast zu erwarten, dass er dir seine Zeit zu widmen wünsche!

Jederzeit dürfen Sie mich besuchen, kommen Sie einfach vorbei! – so hatte er gesagt.

Du weißt doch, wie es gemeint ist.

Um endlich jenes Wort zu tilgen, darum bin ich hier!

Um dir sein Wohlwollen zurückzuerobern, obwohl du weißt, verspielt ist verspielt.

Ich muss weg hier, jetzt sofort!

Ein unmöglicher Abgang!

Trotzdem, ich muss gehen jetzt, verschwinden.

Mit den Augen beim Ausgang, die Hand fast schon nach der Türklinke greifend, sind Schritte zu hören hinter der anderen Tür; sie wird geöffnet, Tageslicht fällt ins Vorzimmer, ein Schatten darin, und:

Enfin vous venez me visiter, ma chère, finalement vous avez eu le temps!

DER ALTE AM ABHANG

Aufschauend vom Schreibtisch: Er kommt! Ja, er – er kommt!

Ich schaue genauer, sehe:

Weißhaariger alter Mann kommt Schritt vor Schritt über den leeren Parkplatz, langsam, vorsichtig; etwas unsicher, aber nicht ängstlich bis an die Böschung heran, bleibt stehen an der Kante, schaut um sich, hoch zu den Häusern, rechts, links, dann abwärts; er sucht, wo ein Weg den Hang hinabführt; er scheint sich, so wie er schaut, hier in Cihangir nicht auszukennen, aber er wirkt nicht verloren oder beunruhigt; und ganz ohne Eile, so wie er an der Kante steht und in den Morgen schaut, eine Hand über den Augen, sie schützend vor der gleißenden Helle heute Morgen – die Schiffe im glitzernden Gegenlicht wie Scherenschnitte, und drüben auf dem asiatischen Ufer hügelauf, hügelab die Dächer glänzend wie nasser Schiefer, und draußen im Marmara Meer die Prinzeninseln, noch vom Morgendunst verschleiert, scheinen zu schwimmen –

Er schaut übers Goldene Horn, nach Stambul hinüber mit all seinen Palästen und Moscheen; ausführlich und genau schaut er, als ob er die Stadt kenne seit Jahren und die Pracht des heutigen Morgens zu schätzen wisse, so viele Morgen, wie er, mag sein, gesehen hat über dieser Stadt, so ruhig und gelassen wie er dasteht, Hände in die Seiten gestützt jetzt und den Kopf leicht erhoben; ohne Neues noch zu erwarten vom Leben, nur was sich ihm zeigt mit Erfahrenem vergleichend, Feinheiten unterscheidend, was war, was ist und was, möglicherweise, noch sein könnte; oder, könnte auch sein, so wie er sich in den Morgen verschaut, dass er wünscht, eine Fee käme und schenkte ihm etwas noch nie Gesehenes, etwas ihm Unausdenkliches, etwas wirklich und wahrhaft Neues noch einmal zu erleben in seinem Leben, was alles Gelebte in den Schatten stellte oder in ein neues Licht. Aber, wird auch er sich sagen, so ist es nicht, das Leben, sondern: endlich – mitsamt seinen nicht endlosen Möglichkeiten.

Und ich – ich stehe immer noch am Fenster und schaue zu ihm; ich schaue zu, wie er dasteht an der Kante, der Alte, und schaut und schaut, und manchmal sich das weiße, vom Morgenwind verwehte Haar aus dem Gesicht streicht und wartet –

Worauf wartest du noch! Siehst du nicht, wieder geht sein Blick die Böschung hinab, er sucht nach dem Weg!

Ja, von dort, wo er steht, kann er den Weg nicht sehen, der, versteckt im Gestrüpp, nur ein Trampelpfad ist. Und plötzlich und heftig wieder das Herz bis in den Hals: Schnell, lauf hin zu ihm, zeig ihm den Weg, führ ihn, damit er nicht stürzt! –

Ich laufe zur Tür – damit es endlich, endlich wahr wird, damit die Liebe, damit er, damit ich – und zurück ans Fenster, um zu rufen, er soll warten, du wirst ihm helfen, gleich bist du bei ihm!

Aber: Von wer weiß woher aufgetaucht, reicht ihm eine junge Frau bereits ihre Hand zum sicheren Schritt über die Kante; und: Er nimmt die Hand der Frau, die, so selbstverständlich, wie sie ihm hilft, seine Tochter sein könnte; aber so jung ist sie doch gar nicht, sehe ich nun, sondern eine gestandene Frau, die auf dem Weg zur Arbeit, so wie sie aussieht in ihrem Deux-pièces und mit Aktenköfferchen in der anderen, der freien Hand, rein zufällig dem Alten am Hang begegnet ist.

Sie bleiben stehen jetzt, mitten im Hang, sie reden miteinander, Worte, die oben am Fenster nicht zu hören sind; aber ich verstehe, ihr ausgestreckter Arm zeigt ihm, wo der Pfad hinabführt zwischen Grasbüscheln, Gestrüpp und Müll, und ihren Blick, der fragt, ob er es schaffe allein. Und wie der Alte ihr zunickt, sehe ich, und wie sie zurücknickt und lächelt. Dann läuft sie fast hüpfend den Hang hinab; der Alte schaut ihr nach, bis sie nicht mehr zu sehen ist, verschwunden hinter dem nächsten Haus; nun geht auch er wieder einen Schritt hangabwärts, dann noch einen, und noch einen, einen neben den anderen, breitbeinig, entengängig; und wieder bleibt er stehen, vor Anstrengung oder aus Vorsicht vielleicht, um nicht doch noch zu stürzen oder zu rutschen auf dem steilen, vom Regen ausgewaschenen Pfad, oder einfach um dieses zauberhaften Morgens willen, oder vielleicht doch –

Nein, ich weiß: Er ist es nicht. Im Leben kommt er nicht mehr, nur im Traum – oder an einem Morgen wie heute im lidschlagkurzen Augenblick, bevor das Wissen zuschlägt: Er ist tot, schon seit drei Jahren.

Der Alte am Hang geht weiter abwärts und verschwindet hinter den Häusern; und ich – ich schließe das Fenster und kehre zurück an den Schreibtisch.

MITTE DER WELT

Endlich hab ich sie gefunden – gehauen in Stein!

Längst weiß ich, dass hier in dieser Stadt die Mitte der Welt ist – wo sonst! Aber den Stein, der sie markiert, sah ich bis heute nicht. Bis vor kurzem wusste ich nicht einmal, dass die Mitte der Welt in Stein gehauen existiert.

Nicht verwunderlich, hörte ich, so schief wie die Welt heute hängt, dass niemand in Europa von ihrer Mitte weiß. Dort können sie sich nichts anderes vorstellen, als dass die Welt so sei, wie *sie* sie sehen. Weil sie nichts anderes kennen; nur ihre kleine, einseitig eindeutige Welt, deren Mitte sie selbst sind. Mehr wissen sie nicht.

Unbedingt wollte ich, seit ich vom Stein der Weltmitte wusste, ihn auch sehen; aber eben, bis heute fand ich ihn nicht, nur dass die Ortsangabe reichlich ungenau sei.

Ich müsse, wurde gelacht, fast drüber gestolpert sein; und noch einmal erklärten sie mir, wo an der Straße ich den Stein finde. Wieder ging ich hin, und wieder fand ich ihn nicht; und traute mich nicht, noch einmal zu fragen. Sondern dachte: Aus sicher fixierten Punkten auf dieser Welt machst du dir nichts; mit eigenen Augen sehen musst du nicht, um zu glauben, was du weißt.

Zufällig ging ich heute zwischen Aya Sofya und Sultan Ahmet vorbei und dachte, mal sehen, ob sich mir der Stein heute zeigt. Und übersah, mich nach ihm umschauend, die herankommende Straßenbahn, so dass ich erst im allerletzten Augenblick einen mein Leben rettenden Sprung über die Absperrkette sprang und, nun ja, zufällig vor dem Stein landete – der dort zwischen Aya Sofya und Sultan Ahmet unübersehbar steht, seit endlos langer Zeit.

DER WIND HAT GEDREHT

Glockenläuten von Beyoğlu herüber – wenn der Wind das Läuten der Glocken bis zu mir herbringt, wird es bald Regen geben. Meistens ist es so.

Vom Fenster aus sehe ich: Bereits überziehen Wolkenschlieren von Westen her den Sonntagmorgenhimmel.

Ans Rufen von den Minaretten herab fünf Mal täglich habe ich mich längst gewöhnt und wache nicht mehr auf vom Ruf zum ersten Gebet eine Stunde vor Sonnenaufgang; auch tagsüber höre ich es kaum noch, dieses vieltausendstimmige Rufen übers Brausen der Stadt hinweg. Aber das Läuten der Glocken –

Ja gewiss, Glocken rufen auch hier in Istanbul Gläubige zum Gebet! Und ich weiß natürlich: Alle haben hier ihre Gotteshäuser, nicht nur Muslime, alle beten sie zu ihrem, dem einen Gott, alle nach ihrer Art, russisch, armenisch, griechisch, römisch, evangelisch, anglikanisch. Viele ihrer Kirchen habe ich betreten, ihre Ikonen und Taufbecken, ihre Altäre und Kronleuchter bestaunt, oder wenn Gottesdienst war, mich in die hinterste Reihe gesetzt und ihre Gesänge gehört, jubelnde, verhaltene, inbrünstige, preisende, flehende, und gesehen, wie verschieden sie beten, mit offenen oder geschlossenen, erhobenen oder gefalteten Händen. Seit hunderten von Jahren ist es so in dieser Stadt, in der nun auch ich lebe und glaube, was mir gefällt.

Aber wenn der Wind das Läuten der Glocken zu mir herüberträgt, ein scheues, schüchternes, fast flehendes Gebimmel, klingt etwas an in mir; etwas wie – Heimweh.

Heim – wohin?

Ich bin doch hier!

SCHWIERIGKEITEN BEIM GEHEN AUF NASSEN STRASSEN

Es regnet nicht mehr, seh ich vom Bus aus und beschließe: Bei Unkapanı steige ich aus, das letzte Stück bis zur Bibliothek geh ich zu Fuß!

Die Luft ist frisch, und ein bisschen windig ist es auch. Den Schal lege ich mir um Kopf und Schultern; und frage mich: Die frisch gepflanzten Bäumchen in den neu erstellten Uferanlagen, wie viele Jahre wird es dauern, bis sie so groß sind, dass sie rauschen oder Schatten spenden im Sommer? Und die Schiffanlegestelle Cihali Iskelesi – ob dort überhaupt noch angelegt wird? Pierre Lotis Aziyadeh wurde nächtens im Kaik, meine ich mich zu erinnern, von hier aus übers Goldene Horn gerudert.

Im Westen der Himmel reißt auf jetzt, blauglänzende Löcher, die sich in Pfützen spiegeln. Ein Bündel Sonnenlicht bricht durch die Wolken, huscht über die Werften drüben bei Hasköy und hinauf die ganz und gar überbauten Hügel; zu Lotis Zeiten waren dort Gärten und Friedhöfe und unten am Ufer die Werften des Padişah.

Aufkommender Wind jetzt. Und dass die Straße so nass ist! Ich überspringe Pfützen, die tümpelgroßen umgehe ich, und warte weit genug entfernt, wenn Autos heranbrausen auf der großen breiten Straße; aber sie sehen mich und rasen neben den Pfützen vorbei.

Bei der nächsten Ampel wechsle ich die Straßenseite wegen einer Baustelle und gehe nun den alten Mauern von Häusern und Schuppen entlang, die so dicht an der Fahrbahn stehen, dass kaum Platz bleibt für zu Fuß Gehende. Aber niemand geht hier zu Fuß. Weit und breit bin ich die Einzige, die hier geht, an Autowerkstätten und Lagern vorbei und verschlossenen Toren, einmal eine Polsterei, einmal eine Tischlerei.

Als wieder ein Pulk Autos angerast kommt, aufstiebende Nässe. Ich drücke mich an die Häuser, sehe aber, durch die Riesenpfütze vor mir rauscht, trotz Tempo, keiner hindurch.

Dann plötzlich doch eine Fontäne – von oben bis unten bin ich nass gespritzt.

Du Schwein!, schrei ich hinterher, und sehe: Der Fahrer des Autos, das mir diese Breitseite verpasst hat, verlangsamt die Fahrt, schaut zurück und verwirft die Hände; dann gibt er Gas und braust davon.

Meine ohnmächtige Wut – was soll ich tun! Ich wische mir die Brühe aus dem Gesicht, schüttle Haar und Schal aus, und vom Regenmantel ab, was noch nicht in den Stoff eingezogen ist.

Nimm's hin, was ist schon dabei!

Und Yüksel fällt mir ein, der erzählte, dass er in Hakkâri mit seinem weißen Kittel von weitem schon als Arzt und somit als Türke zu erkennen sei, und wenn es dort regne, dann, sagte er, könne leicht passieren, dass sie mit dem Auto Anlauf nehmen und gezielt durch die Pfütze rasen, damit die Brühe ihn voll und ganz erwische.

Mit dem breiten roten Schal bin auch ich nicht zu übersehen hier; und schon von weitem erkennen sie: Die dort auf der Straße ist keine von uns! Keine jedenfalls aus den Stadtteilen Fener und Balat.

Trotzdem, ich verstehe sie nicht!

Nichts wirst du herausbekommen aus ihnen, weil du sie nicht wirklich verstehst, sagte Nihal, meine junge türkische Freundin in Deutschland. Weil du nicht weißt, was es heißt, dort geboren und aufgewachsen zu sein und leben zu müssen, insbesondere als Frau. Weil du es nicht am eigenen Leib erlebt hast, darum. Weil du Augen und Ohren und Nase dafür nicht hast! Zwar ehrt dich dein Interesse, aber: Du schaust uns zu! Du machst uns zum Objekt deiner Neugier und meinst, weil du uns keinen Stempel aufzudrücken gedenkst, es wäre legitim.

Sie selbst habe doch kaum in der Türkei gelebt, nur als kleines Kind im arabischen Südosten, und in Istanbul sei sie in ihrem Leben nie gewesen, versuchte ich sie zu beschwichtigen. Es schlug fehl. Obwohl sie sonst nicht genug lästern kann über den Wahn vieler Eingewanderter, die ihre Herkunft hochhielten und vor sich hertrügen wie eine Monstranz. Sie steigerte sich hinein, verschwor sich geradezu mit »ihren« Leuten, als ob sie sie vor mir beschützen müsste.

Ein paar Tage später, als wir uns zufällig wiedertrafen, entschuldigte sie sich für ihren Ausbruch. Erst im Nachhinein, sagte sie, habe sie kapiert, dass sie auf sich selbst wütend war. Weil sie es nicht selbst tue, aus ihrer Sicht; denn, wenn sie es täte, mit ihrer Geschichte im Rücken, dann sähe alles ganz anders aus!

Sie sehen durchfroren aus, sagt die Frau in der Bibliothek. Ob ich einen Tee möge.

Während ich das heiße Glas in der Hand halte und daran nippe, sehe ich: Auf meinem Regenmantel die zum Teil handtellergroßen Wasserflecken verschwinden bereits. Auf Yüksels weißem Kittel wird der Schlamm ganz sicher haften bleiben, da dort, im äußersten Osten des Landes, die meisten Straßen ja noch immer ungeteert sind.

Als ich den Tee ausgetrunken habe, frage ich nach dem bestellten Buch –

Obwohl Magdalena ausschließlich von ihren Klavierstunden lebt und zusehen muss, dass sie durchkommt, wehrte sie entschieden ab: Nein, Sie haben mich zum Konzert eingeladen, ich lade Sie zum Essen ein! Als ich es noch einmal versuchte, wirkte sie gekränkt.

Andererseits hat sie sich nicht gescheut, den Kellner zu bitten, dass er einpacke, was von den gebratenen Nierchen übrig blieb; und nahm das Päckchen, als er es mitsamt der Rechnung auf den Tisch legte, wie die Gabe eines Vasallen entgegen, königlich lächelnd.

Auch nach dem Konzert meine Frage, ob ich ihr den Mantel holen dürfe, quittierte sie mit diesem Königinnen-Lächeln: Jetzt noch nicht, die Musiker muss ich ja noch begrüßen!

Ob sie nach hinten in die Künstlergarderobe gehen möge.

Nein, nein, die kommen hier durch die Halle! Wissen Sie, alle haben Klavierunterricht gehabt bei mir, fast alle. Ich habe mit ihnen repetiert und geübt, mit einigen täglich, ja, auch mit Sängern. Sie sind meine »Kinder«, verstehen Sie, und ich muss unbedingt wissen, wie es ihnen geht.

Und tatsächlich, als diverse Musiker auf sie zueilten und sie ehrerbietig begrüßten, erinnerte Magdalena von jedem die familiären und die beruflichen Verhältnisse und fragte nach, was seither gewesen sei und wie es weitergehe, sehr besorgt, dass alle ihre Schützlinge im Reich der Musik sich glanzvoll entfalten könnten, zum Lobe der Musik und zur Freude derer, die sie hörten.

Draußen auf der Straße dann, als ich ihr meinen Arm anbot, windig wie es heute ist, stürmisch fast, stampfte sie mit dem Fuß – was mit den hochhackigen Schuhen, die sie immer trägt, mädchenhaft kokett wirkte. Nein, ich brauche Ihren Arm nicht! Ich bin doch nicht gebrechlich! Ihr Lächeln dazu, kapriziös: Wenn Schnee liegt, vielleicht dann!

Wirklich ernst meint sie es wohl nur, wenn es um die Musik geht.

Studiert hatte Magdalena in Paris und bereits die Karriere einer Pianistin begonnen, als sie Sabahattin Eyüboğlu begegnete, dem Mann ihres Lebens, wie sie ihn nennt.

Sabahattin hatte, wie alle seine Geschwister auch, in Europa studiert, er in Paris; und dort, in Paris, hatten sie sich gefunden und wurden ein Paar, Magdalena und er; und zusammen kamen sie 1951 in die Türkei. So viel immerhin wusste ich. Heute beim Essen, hoffte ich, würde ich sie ausführlicher nach der Eyüboğlu-Familie fragen können und endlich auch nach ihr selbst.

Dass sie Schweizerin ist, aus Bern, ist unüberhörbar, wenn sie Deutsch spricht, und auch in ihrem Türkisch, das sie perfekt beherrscht, meine ich, klingt es mit.

Mein noch immer nur rudimentäres Türkisch findet sie unverzeihlich – Sie, die Sie sich für Literatur interessieren! Schönheit und Reichtum dieser Sprache wird sich Ihnen, das wissen Sie natürlich, erst erschließen, wenn Ihnen die Sprache so selbstverständlich sitzt wie eine neue Haut. Seien Sie also fleißig, strengen Sie sich mehr an! Sie können das!

Dieser Ton, typisch Magdalena, ermunternd, ermutigend und gleichzeitig fordernd, obendrüber vergoldet mit ihrem Zauberlächeln.

Ja, auch sie erzählt immer von Leistungen anderer, künstlerischen, wissenschaftlichen, intellektuellen, sozialen, die sie lobt; niemals spricht sie abschätzig, über niemanden. Falls sie aber doch einmal sich ärgert, dann eben ihr kleinmädchenhaftes Aufstampfen, begleitet vom kecken Glitzern in ihren Augen, so schlimm sei es doch gar nicht.

Dass Sabahattins Leistungen mir bekannt sind, setzt sie voraus; mit seinen Federn, sagte sie einmal, wolle sie sich nicht schmücken. Sabahattins Name fehlt in keinem Schulbuch – ich weiß es nicht von ihr, sondern von meinem Geliebten. Er sagte: Wir in der Türkei verdanken ihm unendlich viel, denn er hat uns, als unermüdlicher Übersetzer, europäische Literatur und Philosophie und Kultur vermittelt.

Beide, Sabahattin und Magdalena, gehören zu jenen Pionieren, die das neue Selbstverständnis der noch jungen türkischen Republik maßgeblich geprägt hatten. Aber Magdalena spricht über jene Zeit, als ob es das Selbstverständlichste wäre, das eigene Leben ganz in den Dienst der Gesellschaft gestellt zu haben. Auch dass sie, wie viele dieser Pioniere, keine Kinder zeugten – Warum sollten wir! Es gibt so viele Kinder in Anatolien, die Erziehung, Bildung, Liebe brauchen, sagten wir uns; kümmern wir uns also um sie!

Heute endlich fragte ich sie, woraus sich dieser Enthusiasmus denn gespeist habe.

Sie wissen doch, die Gründung der Republik war ein Neuanfang. Eine neue Gesellschaft, ein neues, ein gerechteres Leben, alles schien möglich. Unter osmanischer Herrschaft hatte gegolten, dass die vielen verschiedenen Völker zwar ihre Traditionen und Religionen hatten, die zu leben ihnen gewährt war, auch um ihrer Regierbarkeit willen, aber Kultur und Kunst fanden ausschließlich am Hof statt, im Zentrum der Macht. Musik, Dichtung, Kaligrafie, ja die Sprache selbst waren unendlich weit entfernt vom realen Leben der Menschen in dem Riesenreich, das eigentlich unbekannt war. Niemand interessierte sich dafür. Nur Reichsverwalter und Steuerbeamte reisten durch die Provinzen, Heerführer und andere im Dienst des Sultans, aber freiwillig machte sich keiner dorthin auf den Weg. Höchstens einzelne, wagemutige Forscher, vor allem aus westlichen Ländern, durchquerten das Land, und die christlichen Missionare mit ihren ganz eigenen Anliegen. Für die osmanische Elite jedoch lagen Paris oder Wien sehr viel näher als meinetwegen Kayseri oder Trabzon oder Sivas oder Samsun.

Erst nach der Gründung der Republik rückte Anatolien ins Blickfeld. Die Geschichte und die Kulturen der Völker Anatoliens wurden damals überhaupt erst entdeckt. Auch das Land, zum ersten Mal wurde seine Schönheit wahrgenommen, lieblich an den Küsten, trocken im Innern, im Osten wild und bergig. Es wurde geforscht und gesammelt und dokumentiert und geschrieben; wunderbare Bücher wurden gemacht und Museen eröffnet und Schulen und Universitäten gegründet, um all das neue Wissen weiterzugeben. Und in der Kunst zählte nun nicht mehr die höfische Elaboriertheit, sondern, ein absolutes Novum, die vitale ursprüngliche Schönheit der Volkskunst, die Kunst der Völker also, die in diesem unserem Land lebten.

In keiner Wohnung dieser Pioniere, die mir zu betreten vergönnt war, fehlen die Zeugnisse ihrer Entdeckungsreisen: Kelim und Kissen, über Sessel und Sofas gebreitet, Stickereien als Schmuck an den Wänden, Kupfer- und Zinnwaren auf Tischen und Regalen. Und wenn sie, diese inzwischen alt gewordenen Damen und Herren, heute zusammen feiern, dann singen sie die alten Lieder, rezitieren Gedichte und erzählen die Geschichten von damals. Und von ihren Reisen erzählen sie, insbesondere von den *Mavi Yolculuklar*, jenen *Blaue Reisen* genannten Segeltouren entlang der West- und Südküste lange vor jedem Tourismus, als noch viele Orte nur vom Wasser her zugänglich waren oder auf Saumpfaden über die Berge. Und immer fällt dann auch der Name Halikarnas Balıkçısı, »Fischer von Halikarnassos«, der zwar als Sohn eines Paschas in London und Oxford studiert hatte, sich aber in Bodrum, einem damals winzigen Fischerort, niederließ und fortan Natur und Menschen jenes Küstenstreifens schreibend und malend pries. Alle haben ihn gekannt, bewundert und verehrt; eine charismatische Persönlichkeit muss er gewesen sein, und einer der Ersten offenbar, der Anatolien als kulturellen Schmelztiegel verstand.

Und so wie sie alle niemals jammern oder klagen, jammert oder klagt auch Magdalena nie. Mit keinem Seufzen gibt sie preis, wie sehr sie Sabahattin vermisst, den geliebten Mann, der schon seit mehr als zwanzig Jahren tot ist. Nur die vielen Fotografien von ihm in ihrer Wohnung sagen es – nein, sie sagen, wie gut die Zeit mit ihm war.

Heute endlich traute ich mich, Magdalena zu fragen, woran Sabahattin denn eigentlich gestorben sei.

Krank gemacht, sagte sie, hat ihn der Undank des heißgeliebten Vaterlandes, für das er doch alles gegeben hat. Von dieser Enttäuschung, nachdem er aus dem Gefängnis wiederkam, hat er sich nie mehr erholt; daran eigentlich ist er gestorben.

Gefängnisse von innen zu kennen ist für viele dieser Pioniere nichts Ungewöhnliches. Viele waren drinnen, in den 60er und den 70er Jahren, auch schon früher, weil sie den Traum vom neuen Menschen im neuen Staat ernst nahmen, weil sie alles daransetzten, ihn zu verwirklichen: Lehrer, Dichter, Philosophen, Historiker, Soziologen, Journalisten, Agronomen, Schriftsteller, Verleger, Künstler.

Wenn sie heute von ihrer Zeit im Gefängnis sprechen, erzählen sie von den Mitgefangenen, politischen und nichtpolitischen, und wie sie sich nächtelang Gedichte vortrugen, auswendig, und ihr vielfältiges, verschiedenartig die Welt umspannendes Wissen zusammentrugen und austauschten; und von Verwandten, Befreundeten und Geliebten erzählen sie, die ihnen Essen brachten und Nachrichten, und die Verbindung hielten nach draußen.

Magdalenas Aufforderung: Aber nun erzählen Sie auch von sich! – Was konnte ich schon berichten angesichts der Geschichten dieser alten Helden! Von »meinem« Park drüben in Kalamış erzählte ich, dass ich manchmal hinüberfahre, um dort Tee zu trinken, Zeitung zu lesen oder auch nur die Aussicht auf die Inseln zu genießen, die ja so nah sind dort. Worauf sie fragte: Kennen Sie Çelik Gülersoy? Er hat viel über Istanbul geschrieben; auch er sitzt oft in jenem Park. Und wissen Sie, dass dort ganz in der Nähe, in einer der kleinen Querstraßen hinter dem Park, das Atelier von Bedri Rahmi steht, einem der Brüder Sabahattins?

Ja, ich weiß es, sagte ich; erzählte aber nicht, was ich dort sah, als mein Geliebter, der Bedri Rahmi sehr schätzt, mich einmal zu dessen Atelier geführt hatte: hinter dem verschlossenen, überwucherten Tor die blinden Scheiben des Ateliers – unübersehbar, dass seit sehr langem niemand mehr dort war, geschweige denn gearbeitet hat. Ich fragte nur: Wann eigentlich ist Bedri Rahmi gestorben?

Magdalena überlegte, sagte dann: 1975 muss es gewesen sein, zwei Jahre nach Sabahattins Tod.

Und stimmt es, dass die Eyüboğlu-Familie ursprünglich aus Trabzon stammt?

Nicht aus Trabzon selbst, sondern aus Maçka bei Trabzon.

Obwohl Magdalena es nicht liebt, wenn sie »gelöchert« wird, wie sie es nennt – sie habe doch längst alles gesagt, was es zu sagen gebe –, fragte ich weiter: Und stimmt wirklich, dass alle Geschwister in Europa studiert haben? Was haben sie denn studiert, wo in Europa?

Während Magdalena zu erzählen begann, zog ich mein Heft aus der Tasche, ob ich mir Notizen machen dürfe – sie hatte nichts dagegen.

Notiert habe ich:

Sabahattin ist der Älteste der fünf Geschwister.

Bedri Rahmi, der zweite, verheiratet mit Eren, Künstlerin aus Rumänien – verschmitzt lächelnd sagte Magdalena dazu: Auch die beiden haben sich in Paris gefunden.

Nezahat, Gymnasiallehrerin, verheiratet mit Göloğlu, damals Abgeordneter im Parlament – die Einzige, die nicht aus Europa ihren Lebenspartner mitgebracht hat.

Dann Mualla, Kunsthistorikerin und Architektin – sie hat die Restaurierung vom alten Topkapı Palast initiiert und geleitet. Seit Mitte des 19. Jahrhunderts stand er leer, seit dem Umzug des Sultans in den neuen Dolmabahçe Palast. Mualla hat von der alten Pracht gerettet, was noch zu retten war.

Mustafa, der Jüngste, hat Landwirtschaft studiert, war Lehrer in einem Dorf-Institut – jene *köy enstitüleri* genannten Einrichtungen zur Volksbildung, die um 1940 gegründet worden waren.

Als ich das Glück hatte, Mustafa persönlich kennenzulernen – es war beim Treffen anlässlich des 20. Todestages von Sabahattin –, fragte ich ihn nach den Dorf-Instituten, ob er mir, auch wenn er es sicher schon hundert Mal getan habe, davon erzählen möge.

Möge er gerne, sagte er und begann wie ein guter nimmermüder Lehrer, dessen größte Freude Aufklärung und Wissensvermittlung ist: Die Landbevölkerung, die seit dem Untergang des feudalen Osmanischen Reiches orientierungslos war, verarmte in den Wirren des Befreiungskrieges (1919–1923) vollends und vegetierte, erschöpft und ausgelaugt, nur noch vor sich hin. In der jungen Republik aber galt: Bildung für alle, in der ganzen Türkei, nicht mehr nur für die Eliten! Echte Hilfe für die Landbevölkerung konnte nur Bildung bringen; das bedeutete: Emanzipation aus den jahrhundertealten Fesseln der gesellschaftlichen und religiösen Traditionen, Erziehung zu selbstbewussten, demokratisch-laizistischen Staatsbürgern, die an den Errungenschaften der kemalistischen Revolution teilhaben können. Mustafa lächelnd dann: Heute heißt das ja wohl Hilfe zur Selbsthilfe – das kennen Sie doch!

Den Begriff, ja, aber wie sah es konkret aus?

Ganz einfach: Wir haben zusammen gelebt und gearbeitet. Ja, koedukativ! Einzige Voraussetzung, um aufgenommen zu werden in diesen Instituten, sei gewesen, dass die jungen Leute Grundkenntnisse hatten, also lesen und schreiben konnten, und gesund und einigermaßen fit waren auch im Kopf. Ansonsten, sagte Mustafa, waren sie sehr frei und bestimmten mit, was gelehrt und was angebaut wurde. In den Morgenstunden haben wir Allgemeinwissen unterrichtet, Geschichte, Mathematik, Geografie, Physik, Türkisch – viele konnten ja gar nicht richtig Türkisch sprechen! – und moderne Literatur. Ferner landwirtschaftliches Wissen wie Feld-, Garten- und Tierpflege. Und als Drittes handwerkliche und hauswirtschaftliche Fähigkeiten bis hin zu zeitgemäßer Kinder- und Gesundheitspflege. Danach sind wir raus auf die Felder. Und abends gab es Musik. Wir haben gesungen und getanzt. Viele haben Instrumente spielen gelernt.

Der reformpädagogische Ansatz, zweifellos ein Kind jener Zeit – aber er überzeugt mich; wie sie die jungen Leute zu gesellschaftlichem Verantwortungsbewusstsein hinführten, durch eigene Erfahrung, nicht theoretisch, leuchtet mir ein. In jenem Institut in der Nähe von Kayseri, wo Mustafa gearbeitet hatte, legten sie Pfirsichplantagen an, die nach wenigen Jahren schon so ertragreich waren, dass sie durch den Verkauf der Früchte unabhängig wurden vom Staat oder auch von anderen Geldgebern, und also frei zu entscheiden, in was sie den Gewinn investierten, ob in einen Geräteschuppen oder einen neuen Traktor oder was sonst.

Als ich Magdalena heute auf die Dorf-Institute ansprach und bedauerte, dass sie so früh schon geschlossen wurden, sagte sie: Ja, sehr schade. Und wissen Sie, das Besondere am Konzept war, dass jeder und jede erfolgreich abgehen sollte, alle nach ihren Fähigkeiten; und dass sie was sie gelernt hatten weiterzugeben sich verpflichteten.

Warum eigentlich wurden diese Institute so bald schon geschlossen?

Wegen angeblicher sozialistischer Umtriebe, was natürlich Quatsch ist. Diese hysterische Angst, die geschürt wurde Anfang der 50er Jahre! Aber seit wir zum Nato-Block gehörten, mussten wir uns nach der West-Decke strecken, im Korea-Krieg, auch später dann während der eskalierenden Kuba-Krise. Die in den Dorf-Instituten waren ganz einfach zu frei, zu unabhängig, jeder Kontrolle entzogen. Darum wurden sie verboten. Die Türkei sähe heute anders aus, wenn sie weiterexistiert hätten!

Sie meinen, nicht so viele Kopftücher liefen herum?

Ach, das Thema lassen wir jetzt!, winkte sie indigniert ab, stand auf und ging, wie sie es nannte, sich frisch machen nach dem Essen.

Diese alten Herrschaften, die das Glück hatten, an das Gute im Menschen noch glauben zu können, mindestens an die Erziehbarkeit des Menschengeschlechts!

Zurückblätternd in meinem Heft sehe ich: Nicht gefragt habe ich nach Robert Anhegger, dem Mann an Muallas Seite. Ihm bin ich, nach einem Vortrag von Mualla, vorgestellt worden. Der Zufall will es, sagte er, dass ich in meiner frühen Jugend Ihrem Vater begegnet bin. An der Universität in Zürich, Anfang der 30er Jahre wird es gewesen sein, wir kamen nebeneinander zu sitzen in irgendwelchen germanistischen Kursen oder Seminaren. Ihr Vater imponierte mir, weil er Fragen stellte, anders als die meisten von uns. Wie schön, dass ich nun in meinen späten Jahren auch Sie, seine Tochter, noch kennenlernen darf!

Der Zufall will es gefällt mir; und dass er es so unprätentiös sagte.

Ob er und Mualla verheiratet waren? Oder lebten sie, wie viele dieser Pioniere, ohne vor dem Standesbeamten oder dem Imam die Ehe vollzogen zu haben, frei zusammen, gebunden einzig durch ihr persönliches Wort?

Magdalena, strahlend frisch, das hennarote Haar straff zurückgekämmt und zum Knoten gebunden, ihre Lippen wieder feuerrot geschminkt, stöckelt auf ihren hohen Absätzen quer durch den Raum; der Kellner und der Oberkellner verbeugen sich, als sie an ihnen vorbeigeht.

Jetzt gehen wir!, sagt sie, an den Tisch herantretend. Nun haben Sie genug gefragt! In einer halben Stunde kommt mein nächster Schüler.

Sie unterrichten auch am Sonntag?

Ja, manche können nur sonntags kommen.

Der Kellner bringt die Mäntel, hilft Magdalena hinein, sehr galant, reicht ihr dann unauffällig das Päckchen mit den Nierchen, läuft zur Tür, reißt sie auf für sie – sie tritt hinaus ins Freie. Ich folge ihr.

Ja, nach Hause begleiten dürfe ich sie.

Meinen Arm aber biete ich ihr nicht wieder an, sondern versuche, als wir die verkehrsreiche Ismet Inönü Caddesi überqueren, dicht an ihrer Seite zu sein, falls sie stolpern sollte; und frage, als wir die steile Gasse hinabgehen, nach Robert Anhegger.

Kommen Sie mit in die Wohnung, ich werde Ihnen einen Artikel über Robert mitgeben.

Im Taxi nun lese ich: Geboren ist Robert in Wien, im selben Jahr wie mein Vater. Schule und Studium absolvierte er in verschiedenen Städten Europas und emigrierte schon früh in die Türkei, auch seiner ersten Frau wegen, die Jüdin war. Er forschte und schrieb und lehrte an Schulen und Universitäten, und die Gründung des Deutsch-Türkischen Kulturinstituts, des späteren Goethe-Instituts, geht maßgeblich auf ihn zurück.

Vor allem aber: dass er meinen Vater in so frühen Jahren

kannte und wie er von ihm sprach, in fast zärtlichem Ton – warum nur bin ich der Einladung, ihn und Mualla zu besuchen, bis heute nicht gefolgt!

Demnächst will ich es tun!

Und Magdalena den Artikel über Robert morgen, wenn wir uns beim montäglichen Mittagessen treffen, zurückzugeben, darf ich nicht vergessen.

VERSCHWUNDENE GÄRTNERSLEUT

In Karaköy angekommen stehen wir am Wasser, das heute kaum bewegt ist; auch die Möwen, sonst kreischend hinter den Abfällen her, die die Fischverkäufer über Bord werfen, hocken träge auf dem Gestänge der Dampfschiffe.

Und drüben beim armenischen Patriarchat, sagt Arzu, ist noch die der Gottesmutter geweihte Kirche, und auch Surp Hresch Dagabet in der Nähe vom griechischen Patriarchat wäre sehenswert, und Ayvan Saray weiter hinten am Goldenen Horn.

Arzu, die zierliche, dunkelhaarige Frau mit den hellgrauen Augen und dem milchweißen Teint, ist Kunsthistorikerin an einer der Universitäten und kennt Istanbul wie wenige. Sie liebe diese Stadt, sagte sie, und wenn sie anderen ebenfalls die Augen und das Herz öffnen könne für ihre Einzigartigkeit, mache es sie glücklich; weniger wegen des Geldes, als um diese Liebe weiterzugeben, darum mache sie die Führungen neben all ihrer sonstigen Arbeit.

Im Hinblick auf Verkins Familiengeschichte hatte ich sie nach einer armenischen Spezialführung gefragt.

Gänge durch die Stadt zu einem speziellen Thema interessierten sie sehr, sagte sie, nur müsse sie sich vorbereiten. Und als sie anrief, sie sei bereit: Wir sollten an einem Sonntag gehen, weil sonntags die Chance besteht, die Kirchen offen zu finden oder jemanden, der sie uns aufschließt.

Arzu führte zu Schulen und einem Hospiz, zu Geschäftshäusern mit Innenhöfen und einem mehr oder weniger verfallenen Kervansaray, in dem heute Werkstätten und Lager sind; einstmals soll dort eine armenische Druckerei gewesen sein. Und zu diversen Kirchen – in einigen wurde der Gottesdienst zelebriert, in anderen hing der Weihrauch noch in der Luft, in einer empfing uns muffige Kälte, als ob seit Jahren niemand mehr dort gewesen wäre; die letzte war verschlossen und niemand da, der wusste, wo ein Schlüssel aufzutreiben ist.

Auch auf der asiatischen Seite, sagt sie, gibt es mehrere Kirchen, und hinter Yedikule jenseits der Landmauer steht das große armenische Spital, ein interessanter Komplex, den anzusehen sich lohnt.

Aber vom Herumlaufen und Schauen erschöpft, beschließen wir, die Tour hier abzubrechen, Fortsetzung ein andermal, und setzen uns in eine Lokanta, mit Blick hinüber zur Yeni Cami, meiner Lieblingsmoschee, die heute als zartblaue Silhouette im goldenen Nachmittagslicht steht und auf dem fast ölig glatten Wasser sich spiegelnd schaukelt.

Beim Tee frage ich Anna, die die armenische Tour mitgemacht hat, wie denn ihr Kinderalltag aussah in Istanbul.

Das große alte Haus hatte sie mir einmal gezeigt, in dem sie, Vater, Mutter und Geschwister damals gelebt hatten, ein Palazzo, thronend über einer der Buchten am Bosporus.

Papa brachte uns mit dem Auto bis zum Tünel, dort ließ er uns raus, und das kurze letzte Stück hinab zum *Alman Lisesi*, dem Deutschen Gymnasium, gingen wir zu Fuß. Unsere

Mutter wollte nicht, dass wir von Vaters Büro in Şişhane zu Fuß bis hinüber zur Schule gingen. Und außerdem hat sie uns fast täglich eingeschärft, dass wir in Beyoğlu in der Mitte der engen Gassen gehen und uns immer an den Händen festhalten, damit wir, falls etwa Türken nach uns hübschen blonden Kindern greifen sollten, leichter entwischen könnten. Anna lacht: Dabei kannten wir überhaupt keine Türken! Nur, dass denen nicht zu trauen ist, wussten wir. Ob es stimme, fragte ich mich natürlich nicht, ich war ja noch ein Kind. Es war eben so! Wir lebten in Istanbul und hatten mit Türken nichts zu tun. Auch von unseren Leuten war niemand Türke. Der Gärtner war Grieche. Ebenso seine Frau; sie war unsere Köchin. Nein, nicht einmal die Frauen, die die Wäsche wuschen und plätteten. Gut Türkisch sprechen konnte bei uns niemand. Meine Mutter sprach Griechisch mit den Leuten im Haus, auch wir Kinder sprachen Griechisch mit ihnen; und auch unten im Ort sprachen wir Griechisch, damals lebten ja noch sehr viele Griechen in den Dörfern am Bosporus. *En famille* sprachen wir Deutsch und je nachdem, wer zu Besuch bei uns war, Französisch, Englisch, Italienisch.

Annas Mutter entstammt väterlicherseits einer Sippe, ursprünglich von Samos, aus der viele sich in osmanischen Diensten als Diplomaten hervorgetan hatten und auch als Bankiers, Geschäftsleute, Reeder so erfolgreich waren, dass der Familienname heute noch wie eine blanke Münze schimmert.

Als Anna ihn nennt, Arzus Staunen: *Maşalla* – von denen sind Sie eine!

Warum eigentlich, frage ich, seid ihr damals aus Istanbul weggezogen?

Anna, halb lachend, halb wütend: 1957 brannte der Dachstuhl – das war Punkt eins. Und weil die Feuerwehrmänner mit Bosporus-Wasser gelöscht hatten, was natürlich idiotisch ist, blieben die Wände vom Salzwasser ewig feucht und muffig!

Arzu, halb lachend ebenfalls: Die Feuerwehrmänner waren natürlich Türken!

Ja, oder Kurden! Oder Tscherkessen oder Bulgaren – was weiß ich! Jedenfalls 1959, da machte mein Bruder Abitur und wurde zum Studieren nach Deutschland geschickt. Und 1960 war der Putsch, Menderes gestürzt. Die Zeiten danach waren schlecht und unsicher, besonders für meinen Vater als nichttürkischen Geschäftsmann. Mich, die Kleinste, schickten die Eltern bald ebenfalls nach Europa, ins Internat in die Schweiz; nach Istanbul kam ich nur noch für die Sommerferien. Und plötzlich dann, im Sommer 1964, waren der Gärtner und seine Frau verschwunden, abgehauen nach Griechenland. Die Griechen in Istanbul mussten sich ja nach der Verschärfung der Zypernkrise entscheiden: Entweder nahmen sie die türkische Staatsangehörigkeit an, oder sie verschwanden innerhalb von vierundzwanzig Stunden und ließen alles Hab und Gut zurück. Bekanntlich sind die meisten damals gegangen, nach Griechenland – das für sie, die immer in Istanbul gelebt hatten, ein fremdes Land war. Und bald danach sind auch meine Eltern weg, nach Deutschland; im Rheinland ließen sie sich nieder. Die Sommerferien verbrachten wir nun in Griechenland, auf Samos, dort traf die ganze Familie zusammen. Istanbul verloren wir aus dem Blick, und das große alte Haus über der Bucht, das meine Mutter so sehr geliebt hatte, wurde zum Traum.

Anna, in diesen Tagen wieder einmal in Istanbul, schlägt sich zum wiederholten Male mit Anwälten und Beamten auf Grundbuch- und diversen anderen Ämtern herum, um vielleicht doch endlich anerkannt zu bekommen vom heutigen türkischen Staat, dass das herrschaftliche Anwesen in osmanischer Zeit ihrer Familie gehörte – ein schwieriges Unterfangen, da im Grundbuch nicht der respektable griechische Familienname eingetragen ist, sondern ein türkischer.

Der Urgroßvater habe das Haus über einen türkischen Freund gekauft, weil es den Griechen nicht mehr gestattet war, Grund und Boden zu erwerben, seit sich griechische Untertanen im 19. Jahrhundert der osmanischen Herrschaft zu entledigen und einen eigenen Staat zu gründen vermocht hatten – so die Version von Annas Mutter.

Anna selbst meint, dass der Urgroßvater, der als Bankier Bankrott gemacht hatte, wegen lauernder Gläubiger unmöglich ein Haus auf seinen eigenen Namen bauen lassen konnte, es sei denn über einen Strohmann, mit Geld aus geheimen Töpfen. Oder vielleicht sei tatsächlich kein Geld mehr vorhanden gewesen; dafür spreche, dass mehrere Großtanten unverheiratet blieben, vielleicht ja wegen mangelnder Mittel für standesgemäße Aussteuern. Denkbar also, sagt sie, dass das schöne Haus niemals im Besitz der Familie war, sondern stillschweigend von einem vermögenden Bankierfreund ihrem Urgroßvater überlassen wurde, zu welchen Konditionen auch immer, damit die gesellschaftliche Schmach des Bankrotts nicht sichtbar würde.

Aber wie geht es denn nun weiter?, frage ich.

Das Ganze ist eine echt levantinische »grande confusione«! Alle mischen mit, in Istanbul und in Athen und auch von Deutschland aus, und alle sind vor allem damit beschäftigt, dass möglichst viel herausspringt für sie selbst. Anna sagt es lachend, aber ihre Empörung ist unüberhörbar. Seit Jahren schon kämpft sie gegen diese »confusione«. Ich bewundere ihren noch immer nicht erlahmten Elan, und bezweifle gleichzeitig, dass sie es jemals wird entwirren können.

Ich frage, wer oder was denn die größten Schwierigkeiten verursache.

Die Griechen!, sagt Anna, ohne zu zögern. Die Anwälte in Athen, sie tun absolut nichts! Die einen sind zu alt und haben ihren Laden nicht mehr im Griff, die anderen sind mit all ihrer griechischen Überheblichkeit nicht in der Lage, zwischen damaligen und heutigen Verhältnissen zu unterscheiden, und verheddern sich in ihren eigenen Animositäten dem türkischen Staat gegenüber.

Arzu lächelt Anna verständnisvoll zu.

Obwohl die Türken, setzt Anna nach, auch nicht besonders hilfreich sind. Auch sie sind nicht interessiert, die Angelegenheit bald zu klären, da ja Häuser, deren Besitzer unbekannt oder nicht mehr ermittelbar sind, nach einer bestimmten Frist, wenn niemand sich meldet, an den türkischen Staat fallen.

Das Thema ist endlos! Ich hatte schon zu oft davon gehört – um Anna zu stoppen, frage ich Arzu, ob es in ihrer Familie Geschichten mit Griechen gebe, die erzählt würden.

Ja, eine Geschichte gibt es, sagt sie, die Geschichte von Onkel Nuri Bey, dem Bruder meiner Großmutter mütterlicherseits, meinem Großonkel also. Er hat als junger Offizier im Befreiungskrieg unter Ismet Inönü gekämpft und war beim Sturm auf Izmir dabei – insofern hatte er viel mit Griechen zu tun.

Arzus Lächeln, als sie es sagt –

Ich frage, ob ihr Großonkel den Brand vom alten Smyrna tatsächlich miterlebt habe; und die leidige Frage, wer das Feuer gelegt hatte – wie erzählte es Ihr Großonkel?

Meine Familie mütterlicherseits stammt von Saloniki, und

der junge Nuri Bey durchlief, wie viele Söhne der osmanischen Eliten damals, die Militärakademie. Um mit den Jungtürken zu sympathisieren, war er zu jung; außerdem hätte ihn deren pan-turanischer Nationalismus wohl eher verschreckt, zart besaitet wie er war – er soll sehr musikalisch gewesen sein und äußerst poetische Gedichte verfasst haben, die leider alle verloren gegangen sind. Aber die Schmach der Niederlage im Ersten Weltkrieg – wie so viele Militärakademie-Absolventen war auch er nicht bereit, sie einfach hinzunehmen. Den Vertrag von Sèvres zu akzeptieren bedeutete, dass wir in die fast komplette Auslöschung der Türkei einwilligten – Onkel Nuri Bey sagte, da erst habe er das Ausmaß der machtpolitischen Verstrickungen erahnt, aber vollends erwacht aus jugendlicher Träumerei sei er, als die Griechen sich auf den Ruinen des Osmanischen Reiches ein Großgriechenland zu erobern versuchten. Da sei bei ihm der patriotische Funke übergesprungen. Bis dahin habe er sich als Osmane verstanden, so wie alle im kosmopolitischen Saloniki – das Leben, das wir lebten, war osmanisch, sagte er, nicht »türkisch«. Aber nun, als die Griechen sich »griechisch« gebärdeten und anatolischen Boden betraten und losstürmten ins Land hinein und weit über Bursa hinaus bis nach Eskişehir vorgedrungen waren und bereits in Richtung Ankara marschierten, als nichts sie aufhalten zu können schien, ihren Enosis-Traum zu verwirklichen, da sei er zum »Türken« geworden. Onkel Nuris Standardformulierung war: Je weiter uns die Griechen zurückdrängten ins Innere Anatoliens, umso leidenschaftlicher wurden wir zu Türken! Zwar war die Munition knapp und der Proviant auch – ganz anders als bei den Griechen, die ja von den Briten ausgerüstet und von Frankreich militärisch unterstützt wurden –, aber die wachsende patriotische Begeisterung machte das Unmögliche möglich: Der nationale Widerstand erwachte. Aus ihm wurde die neue Türkei geboren. Geburtsort Ankara, damals eine unbedeutende Provinzstadt mitten im anatolischen Hochland – aber: Ankara war frei!

Das Leuchten in den Augen des Onkels, wenn er davon sprach. Und der Schmerz, wenn er vom besetzten Istanbul sagte: Der Sultan war nur mehr eine Marionette der Siegermächte, die mit ihren Kriegsschiffen im Bosporus vor Anker lagen, die Geschützrohre auf den Palast gerichtet. Die Bevölkerung hungerte, Seuchen grassierten. Ihr könnt euch kaum vorstellen, wie miserabel es Istanbul ging damals! Die Stadt war überschwemmt von Flüchtlingen aus all den verlorenen Provinzen, aus Bulgarien, vom Balkan, aus dem Kaukasus; dazu zehntausende »weißer« Russen, die Reste der Weißen Armee, die sich übers Schwarze Meer vor den Roten nach Istanbul gerettet hatten.

Onkel Nuri Bey schloss sich jenen an, die um Mustafa Kemal herum sich zu sammeln begannen und neu zu formieren. Und im Winter 1920–21, während seine junge Frau, schwanger mit dem ersten Kind, vor den herannahenden Griechen floh – die gesamte Familie hatte Ankara auf Ochsenkarren verlassen, mit Sack und Pack waren sie unterwegs in Richtung Kayseri –, in jenem Winter, als es Ismet Pascha schließlich gelang, die griechische Armee bei Inönü zu stellen und sie, Schritt um Schritt, Schlacht um Schlacht nach Westen zurückzudrängen, da sei Onkel Nuri, vom heiligen Feuer des Patriotismus ergriffen, zum Helden geworden. Worin sein Heldentum wirklich bestand? Genau erzählt wurde es nie, sagt Arzu schmunzelnd. Nur dass er sich – so die feststehende Formulierung in unserer Familie – schützend vor das zarte Pflänzchen der ersten türkischen Nationalregierung gestellt habe, als es zertreten zu werden drohte.

Anna sagt darauf nichts.

Auch ich habe nichts zu sagen dazu – es ist wie überall, denke ich: Die alten Geschichten werden versenkt, verdrängt oder verbrämt, bis sie, unverdaut wie sie sind, wieder auftauchen in der nächsten, spätestens in der übernächsten Generation.

Aber um auf Ihre Frage zurückzukommen nach den Griechen in unserer Familie, sagt Arzu nun: Es war der Verrat der Griechen, der Onkel Nuri zutiefst gekränkt hat, bis an sein Lebensende. Wie nur hatten sie mit den Westmächten gemeinsame Sache machen können – sahen sie denn nicht, dass sie von denen benützt wurden! Sie haben es teuer bezahlt, dreißigtausend Tote, die sie allein in der Schlacht bei Sakarya zu beklagen hatten – so seine Worte. Die Familienlegende berichtet, dass Onkel Nuri sich erst nach dieser Schlacht ein paar Tage Urlaub gegönnt habe; erst als die griechischen Verbände sich westwärts zurückzuziehen begannen und der Generalsieg sich abzeichnete, habe er seinen Erstgeborenen gesehen, der bereits ein halbes Jahr alt war, und ihm den Namen Zafer gegeben – Sieg.

Übrigens: Onkel Zafer ist ein sehr feinsinniger, liebenswerter alter Mann, der heute in Florida lebt; einstmals lehrte er in Berkley Geschichte, Schwerpunkt Nahost, und war, was Wunder, nicht einverstanden mit der Interpretation jener heroischen Zeit, wie sein Vater sie sah. Das Zerwürfnis zwischen Vater und Sohn war so gravierend, dass sie den Kontakt schließlich abbrachen. Möglicherweise aber spielte mit, dass Zafer, was jedoch nie laut ausgesprochen wurde, mit einem Mann zusammenlebte. Nuri Bey, der Held, hatte keinen schwulen Sohn – es konnte nicht sein! Nie wurde in Onkel Nuris Anwesenheit über den missratenen Erstgeborenen gesprochen. So ist das mit den Helden und ihren Söhnen!

Ich frage Arzu, ob sie in Kontakt sei mit dem Onkel in Amerika.

Ja, im Frühsommer habe sie ihn besucht und sich wunderbar mit ihm unterhalten, wenn auch sein Türkisch, das er ja kaum mehr gebrauche, ein sehr altertümliches sei. Zafer ist eben Amerikaner geworden und genießt seinen Ruhestand, indem er sich vor allem mit seinem Garten beschäftigt. Darin zieht er die herrlichsten Rosen, duftende alte Sorten aus – wen wundert's! – Persien und der Türkei. Und was macht die Geschichte?, fragte ich ihn. Die, sagte er, überlasse er der nächsten Generation; Geschichte, meine Liebe, die ist immer so oder so und immer auch ganz anders. Wie es wirklich war – nur die Ignoranten wagen zu behaupten, sie wüssten es!

Und der Sturm auf Izmir? Das levantinische Smyrna muss eine wunderschöne Stadt gewesen sein, wie auf alten Fotografien zu sehen ist. Was hat Ihr Großonkel von diesem Sturm erzählt, war er wirklich dabei?

Nun, Sie können sich denken, wie er erzählt hat! Zweifelsfrei haben die Griechen die Stadt angezündet, um sie uns »Türken« nicht überlassen zu müssen! Dass Onkel Nuri die Feuerleger nicht selbst gesehen hat, sondern mit seinen Soldaten erst in die Stadt einmarschierte, als sie bereits brannte, das immerhin hat er später eingeräumt. Empörend aber, sagte er immer wieder, wie ungeordnet die griechischen Verbände dem Hafen zustürmten, völlig aufgelöst, und schwimmend sich auf die Schiffe der Franzosen und Briten zu retten versuchten, die Bevölkerung der Stadt aber, auch die griechische, überließen sie schlicht und einfach ihrem Schicksal, also uns Türken.

In unserer Familie hieß es selbstverständlich, sagt Anna, dass die Türken das Feuer gelegt hatten, in den armenischen Vierteln; von dort sind die ersten Flammen zum Himmel geschossen, und der ungeheure Funkenregen hat den Rest besorgt, so wird es bei uns erzählt.

Sie sagt es so entschieden, dass ich nicht sicher bin, wie sie es meint, sehe nun aber ihren Blick zu Arzu, als sie fortfährt: Und die Türken, so hieß es immer, haben die Menschen aus ihren Häusern gezerrt und ins Meer getrieben –

Ich bewundere euch, sage ich, keine achtzig Jahre sind vergangen, seit das alte Smyrna niederbrannte, und ihr beide, obwohl ihr doch durch eure Familien nahe dran seid, könnt so distanziert davon sprechen.

Arzu und Anna schauen sich an, dann lachen sie los; ich verstehe: Sie lachen mich aus. Sie lachen, weil ich sie trotz allem in Klischees hineingepackt habe, ins griechische und ins türkische.

Aber schauen Sie!, springt Arzu auf und zeigt übers Wasser nach Üsküdar: Schauen Sie, dort drüben, die letzten Sonnenstrahlen in den Fensterscheiben, wie sie aufblitzen – als ob es dort brennt!

Ja, lachen wir nun alle drei, Üsküdar brennt –

VERLORENE ILLUSION

Wieder einmal bei Verkin im Hamam erzähle ich, während wir uns mit Wasser übergießen, vom Gang durchs armenische Istanbul und vom anschließenden Gespräch. Es müsste Verkin interessieren, denke ich, dass Annas Großmutter den deutschen General Liman von Sanders persönlich gekannt hatte – nach ihrem Tod fand sich offenbar eine Porträtfotografie von ihm, die er ihr handschriftlich *in größter Verehrung* zugeeignet hatte. Jener General also, der, während des Ersten Weltkrieges in Izmir stationiert, einer der wenigen unter den Kriegsverbündeten war, die bei der osmanischen Regierung gegen die Deportation der Armenier Einspruch erhoben. Mag sein, er tat es aus strategischen Gründen, aber er setzte durch, dass die Armenier aus Izmir, die bereits nach Osten unterwegs waren, zurückgebracht wurden; das immerhin!

Verkin wirkt verärgert. Was hat es den Armeniern genützt, dass ein einziger deutscher General sich für sie einsetzte? Nichts! Nach Kriegsende, als die Deutschen aus dem Land verschwanden und auch dein Liman von Sanders nichts mehr für die Armenier tun konnte, waren sie wieder einmal sich selbst überlassen. Die Griechen, die konnten übers Meer abhauen nach Griechenland – aber die Armenier? Sie saßen in der Falle. So war es immer! Immer haben die Armenier die Zeche bezahlt! Und trotzdem haben diese Idioten immer wieder versucht, mit diesen und jenen anzubändeln, mit den Franzosen, mit den Russen; auch früher schon, mal mit Persien, mal mit Byzanz – gebracht hat es ihnen nie etwas! Ihre besten Zeiten hatten sie, wenn sie keinen eigenen Staat wollten. Das können sie nicht, regieren –

Und Ani, die Hauptstadt jenes großarmenischen Königreiches, von dem du mir letztes Mal erzählt hast?

Über tausend Jahre ist das her; seither haben sie nicht viel zustande gebracht! Und was sie heute zustande bringen in ihrem kleinen Land – schau es dir an: Nichts! So schlecht, wie es ihnen heute geht, ging es ihnen unter dem sowjetischen Dach nicht; und unter dem osmanischen Dach, solange sie sich an die Spielregeln hielten, ging es ihnen ja ausgesprochen gut.

Um Verkin nicht weiter zu verärgern, erzähle ich nicht, was jene Dame sagte, die mir das armenische Spital jenseits der Landmauer gezeigt hat, jenen beeindruckenden Komplex mit Altersheim und Sozialstation, der allen offen steht, nicht nur Armeniern. Jene Dame meinte, Verkin als Zentralfigur für eine armenische Familiengeschichte sei wohl eher nicht geeignet, da Verkin doch alles andere als typisch armenisch sei, und das Leben, das sie führe, nun ja – jedenfalls sei sie mit einem Türken verheiratet; und außerdem heiße es, dass sie einmal auch mit einem Schwarzen liiert war.

Ich werde es Verkin erzählen, wenn sie besser gelaunt ist; dann werden wir uns ausschütten vor Lachen über »armenisches« und »nicht-armenisches« Leben.

Aber vom kürzlich bei Yapı Kredi erschienenen Buch über die Klosterkirche Ahtamar auf der Van See Insel erzähle ich, wie wunderschön die Fotografien sind und wie erhellend der Text.

Das Buch, sagt Verkin in wegwerfendem Ton, gebe es auf Deutsch schon seit Jahren, sie werde es mir später zeigen.

Immerhin, dass es nun auch auf Türkisch vorliegt, ist doch ein gutes Zeichen, versuche ich gegenzusteuern.

Kunsthistorisch, ja, ist es interessant, Aufklärung aber über die eigentliche Frage, die wird es erst geben, wenn eine Kommission von wirklich unabhängigen Historikern tagt; wenn endlich alle Archive geöffnet und alle Quellen von allen damals Beteiligten gesichtet werden. Wenn nicht immer nur Armenier und Türken sich damit herumplagen müssen, sondern wenn auch Franzosen und Briten und Russen dabei sind, und natürlich die Deutschen, die ja damals bestens informiert waren über alles, was im Osmanischen Reich vor sich ging, und auch die Amerikaner; wenn alle, die damals ins Riesenschlamassel verstrickt waren, sich zusammensetzen, ohne die Antwort schon zu wissen auf die Frage, wie es dazu kam, dass geschah, was damals geschehen ist.

Sevinçs besorgter Blick zu Verkin – dass sie Deutsch versteht, nehme ich nicht an.

Sie sagt: *Gel Güzelim*, komm meine Hübsche, leg dich hin! Ärger bekommt der Schönheit nicht!

Und ich sage, als Verkin sich auf der Liege ausstreckt und die Augen schließt: Ja, ich bin deiner Meinung. Alle, wirklich alle damals Beteiligten, müssten zusammensitzen. Ein Problem allerdings wird sein, dass zwar die Quellen in den türkischen Archiven heute zugänglich sind, aber doch nur von Spezialisten lesbar, weil abgefasst in der alten, der osmanischen Schrift.

Verkin reißt ihren Kopf noch einmal hoch und ihre Augen wieder auf: Arbeit für viele Osmanisten – umso besser! Wo ist das Problem?

DER VERLÄSSLICHE VERMIETER

Monsieur Akbulut ist immer pünktlich und immer höflich. Und immer ruft er an, bevor er kommt, meist zwei, drei Tage nach meiner Rückkehr aus Deutschland; weil ich ihm aus Deutschland die Miete in harten Dollars mitbringe, darum.

Madame, falls es Sie nicht zu sehr derangiert, würde ich morgen früh bei Ihnen vorbeischauen, sagt er immer erst, nachdem er sich erkundigt hat, wie es mir gehe und wie der Familie in Deutschland – dass es keinen Mann mehr gibt dort, sagte ich ihm selbstverständlich nicht –; dann fragt er noch, wie die Reise zurück nach Istanbul war und ob ich die Wohnung ordentlich vorgefunden habe.

Am nächsten Morgen dann, auf seinem Weg zur Uni, kommt er vorbei; denn eigentlich ist Monsieur Akbulut Professor an der Galatasaray Universität und lehrt Internationale Wirtschaftsbeziehungen, in französischer Sprache. Auch wir reden miteinander Französisch, was wir miteinander so reden: Geplauder zum Verzieren und Kaschieren des nackten Geschäfts.

Einmal, als ich ihn plaudernd bedauerte, dass er sich neben allem anderen auch noch mit dem Miete-Einsammeln belasten müsse, klärte er mich auf: Madame, wie fast überall in der Welt ist die Lehre an der Hochschule schlecht bezahlt, und ganz besonders hier. So müsse er eben sehen in den heutigen inflationären Zeiten, wie er einen einigermaßen zivilisierten Lebensstandard halten könne. Aber, fügte er lächelnd hinzu, da er nur an Ausländer vermiete, ausschließlich an Europäer, habe er eigentlich keine Probleme; die hielten sich an Abmachungen und zahlten pünktlich.

Ebenfalls lächelnd gab ich zurück: Die Mieter nur?

Ja, das ist es eben, drehte er das Galanterie-Karussell weiter, dieses Bewusstsein für die Unterschiede! Bewundernswert, dass in Europa heute so sehr darauf geachtet wird bis in die Sprache hinein! Aber hier, in diesem Land, achtet niemand darauf. Und außerdem, Madame, Sie wissen ja, die türkische Sprache gibt es nicht her, sie kennt kein grammatisches Geschlecht. Alles ist einerlei, eins wie das andere, das Bewusstsein dafür fehlt. Und mit einem zuckersüßen Lächeln: Selbstverständlich gelte es auch für die ausländischen Mieterinnen.

Monsieur Akbulut hat Glück mit mir. Meistens zahle ich für mehrere Monate im Voraus, was ihn, auch wenn er es zu verbergen versucht, offensichtlich freut.

Was ich ihm zahle: Ein einziges Mal nannte ich die Summe vor Leuten, die ihr Einkommen nicht aus Europa, sondern aus der Türkei beziehen – ihre Reaktion, Scham ob der Schamlosigkeit, klärte mich auf.

Ja, für Monsieur Akbulut bin ich ein echter Goldfisch.

Damals, als ich die Wohnung fand, wusste ich nicht, wie die Verhältnisse hier sind, auch nicht, wie ich hätte verhandeln können; nur dass ich, betört von der einzigartigen Sicht aufs klassische Stambul, sie unbedingt haben wollte.

In seinen Augen damals das Glitzern, und wie galant er sein Garn spann: Nicht wahr, Madame, zwischen Ihnen und mir genügt das Wort, wie es üblich und möglich ist unter zivilisierten Menschen, Sie und ich, wir brauchen keinen schriftlichen Mietvertrag.

Mir war's recht, Vertrag aufs Wort. Dass Monsieur Akbuluts Wort-Wertschätzung gekoppelt ist mit dem auch nicht zu verachtenden Wert, den Steuerumgehung schafft, verstand ich erst später. Aber was geht es mich an, solange er sich an sein Wort hält und die Miete nicht erhöht und endlich doch das verrottete Badezimmerfenster ersetzen lässt, wie er es vor einem Jahr schon versprach. Ansonsten ist Monsieur Akbulut, wie gesagt, verlässlich und kommt stets pünktlich so gegen neun.

Ein einziges Mal kam er früher. Mein Geliebter und ich lagen noch im Bett. Als er klingelte, sprang ich auf, drückte den Türöffner-Knopf, schlüpfte in den turkmenischen Mantel, band als Gürtel einen Seidenschal um, setzte Teewasser auf und schaffte es gerade noch, mir die Haare hochzustecken, bevor Monsieur, erhitzt und keuchend vom Treppensteigen, an der Wohnungstür erschien.

Wie immer bat ich ihn herein, *Bonjour Monsieur!* Worauf er sich mehrmals entschuldigte, dass er früher dran sei als verabredet. Aber zurzeit müsse er Prüfungen abnehmen, was für ihn zusätzliche Arbeit bedeute. Und außerdem, Sie wissen ja, Madame, wie es mit dem Verkehr ist in Istanbul, Stunden verlieren Sie in den verstopften Straßen und ärgern sich; wenn Sie sich aber drauf einstellen, kommen Sie plötzlich überall durch.

Ja, so ist es immer, sagte ich und lächelte ihm verständnisvoll zu und stellte die Teegläser auf den Tisch und entschuldigte mich ebenfalls: Gestern sei es leider spät geworden, Feier mit Freunden nach einer Vernissage. Sie wissen ja, immer wird es später als gedacht! Dann goss ich Tee in die Gläser und bot Zucker an, wohl wissend: Gleich wird Monsieur in seiner Jackentasche nach dem Döschen mit Süßstoff greifen und lächelnd sagen: Madame, die Kalorien! Dann werde ich sein Lächeln erwidern und ihm, wenn er das Zigarettenpäckchen auf den Tisch legt mit *Permettez-vous, Madame, que je fume si tôt le matin?*, einen Aschenbecher holen. *Mais oui, Monsieur, je vous en pris!* – Alles wie immer!

Und wenn wir dann ungefähr zehn Minuten *hava sudan*, von Luft und Wasser, geplaudert haben, als ob er nicht einzig des Geldes wegen herkäme – wozu sonst sollte er kommen! –, dann komme ich zur Sache: Ich lege die Dollars auf den Tisch.

So ein Schleimscheißer!, sagte an jenem Morgen mein Geliebter, als ich wieder zu ihm unter die Decke schlüpfte. Wenn du ihm die Scheine hinzählst und um Quittierung bittest, sein Gewinsel: *Mais oui Madame, volontiers Madame, bien sûr Madame, merci Madame* –

Wie er ihn nachäffte – es war wirklich zum Lachen; ich sagte ihm nicht, dass auf der Quittung nie ein Betrag steht, lediglich: »Miete erhalten für die und die Monate.«

Und wie du ihn dann ruckzuck rauskomplimentiert hast – weg war er!

Ich wollte ihn doch so schnell wie möglich loswerden und zurück zu dir!

Aber so höflich elegant und doch so bestimmt – der hatte keine andere Wahl. Du bist wirklich eine Dame von Welt!

Und wo, meinst du wohl, hat die Dame von Welt diese galante Art gelernt, wenn nicht hier bei euch Türken!, gab ich zurück; und strich mit den Fingerspitzen über seine schön gewölbten Lippen, das Kinn, den Hals, über den Adamsapfel bis in die Grube zwischen den Schlüsselbeinen, wieder entzückt vom seidigen Glanz seiner olivfarbenen Haut. Ihr mit euren kunstvoll gefältelten Höflichkeiten, um nur ja das eigene Wollen zu bemänteln!, sagte ich und schmiegte mich enger an ihn.

Aber *wie* du es gemacht hast, und ohne dass er etwas gemerkt hat!, lachte mein Geliebter sein köstliches Lachen so voller Triumph, dass es mich mitschüttelte. Immerhin kommt er zu dir in die Wohnung, allein, und du bist, denkt er, auch allein, und im Morgenmantel.

Den interessiert nur mein Geld, glaub mir!, sagte ich und spürte die Hand meines Geliebten fest auf meinem Rücken, und dass seine besitzergreifende Art mich wieder weich machte und bereit.

Was geht den Vermieter an, wer in meinem Bett ist!, sagte ich wohl noch, nicht aber, dass ich die Tür handbreit hatte offen stehen lassen, damit mein Geliebter bei der Geldübergabe mithören könne. Monsieur Akbulut interessiert sich für ganz andere Frauen, so wie der aussieht, mit Schlips und Kragen und so weiter, das schwör ich dir! Und überhaupt, was traust du mir eigentlich zu? Was stellst du dir vor, wer *ich* sei? Glaubst du mir nicht, dass ich *dich* liebe?

Ich bin nicht sicher, ob ich diese Frage gestellt habe oder nur gedacht. Und wie mein Geliebter darauf geantwortet hat, versuche ich mir vorzustellen. Vielleicht sagte er, ich sei zu gutgläubig und dass ich keine Ahnung hätte, wie die türkischen Männer wirklich sind.

Wie sind sie denn, wie anders als andere, als nichttürkische Männer?, sagte ich dann sehr wahrscheinlich. Oder ich sagte: Bist du denn kein türkischer Mann? Und vermutlich haben wir dann sehr gelacht und unseren Spaß damit getrieben – Zeig mir, du herrlicher Mann, was an dir türkisch ist! Ich werd's dir zeigen, immer wieder, so oft du willst! Und vielleicht ist es an jenem Morgen wieder hoch her- und noch einmal gut ausgegangen. Möglich aber auch, dass ich sagte: Es stimmt, ich kenne die türkischen Männer nicht, nur von außen sehe ich sie und wie sie wirken auf mich, die Frau aus Europa, die nicht zum ersten Mal in der Welt herumkommt und mit Männern in Berührung. Nein, so hätte ich es sicher nicht gesagt. So nicht.

Nicht die Vorstellung, dass er einer nach anderen ist, war schwierig für meinen Geliebten – Ich liebe dich, so wie du bist, ganz und gar, mitsamt deiner Geschichte, mit allem, was du erlebt hast. Immer werde ich dich lieben, auch wenn du alt und schrumpelig bist! – Unerträglich jedoch für ihn war, dass es nach ihm andere geben könnte.

Möglich auch, dass an jenem Morgen die Eifersucht einmal mehr ihren Aberwitz mit uns trieb; was schade wäre um die Liebe, denn die Liebe mit meinem Geliebten war köstlich und einzigartig zu jener Zeit; obwohl oder vielleicht sogar weil er die Liebe für absolut nahm, mitsamt totalem Besitzanspruch.

Mag sein, dies ist, vielleicht, türkisch an ihm – falls Eifersucht und Besitzanspruch »türkisch« sind. Aber: Daran ging unsere Liebe nicht zugrunde, nicht an diesem seinem »Türkischsein«, sondern, glaube ich, an der Liebe selbst, die eben doch sterblich ist; nur in der Erinnerung ewig – oder in Geschichten, falls sie gelingen.

Von Monsieur Akbulut wäre, außer dass ihn, wie gesagt, mein Geld interessierte, noch zu berichten, dass auch er typisch »türkisch« ist insofern, als er immer und immer wieder in Nebensätze geschickt einflicht, wie sehr er Europa schätze um der »Zivilisiertheit« willen. Nicht mit plumper Hochloberei tut er es, sondern indem er sich selbst auf den arroganten Eurogaul mitsetzt und von dort herab die türkischen Eseleien indigniert betrachtet. Madame, diese Unordnung überall, die Unregelmäßigkeiten, ich bitte Sie! Und immerzu brauchen Sie Bakschisch und Beziehungen, nichts funktioniert von selbst, und die Korruption, ich bitte Sie, Madame, wo gibt's denn so was! –

Dass Korruption in Europa und anderswo mindestens ebenso blüht, müssten Sie, der Sie in Frankreich studiert und gelebt haben, doch wissen.

Aber dass Sie auf Schritt und Tritt drüber stolpern, Madame, dieses Chaos, das seine Kinder gebiert und frisst, ich bitte Sie, von einem zivilisierten Standpunkt aus betrachtet, ist es schlicht *dégoûtant*!

Monsieur Akbulut zieht sein Taschentuch hervor und wischt sich den Schweiß von der Stirn, ärgerlich, dass er sich zu so viel Emphase hat hinreißen lassen; eigentlich möge er darüber gar nicht mehr sprechen.

Ich versuche ein paar versöhnliche Worte, zum Beispiel, dass ich gerne in diesem Land lebe, oder, durchs Fenster hinausschauend, wie einmalig schön Istanbul doch sei. Und denke: Wenn du wüsstest, dass ich um eben dieses Chaos willen hier lebe, tausendmal lieber als irgendwo sonst!

Nun lächelt er, auch er versöhnlich. Und wahrscheinlich denkt auch er: Die versteht nicht, worum es geht, sie weiß nicht, was hier wirklich los ist.

Mag sein, ich weiß es wirklich nicht.

LEYLA ODER FATMA

War es diese Leyla, oder war's eine andere, die mir Namen aufschrieb von namhaften kurdischen Intellektuellen und künstlerisch Schaffenden?

Sechs Männernamen und fünf von Frauen, je zusammengefasst durch *kurdish women-* und *kurdish men-*Klammern, und hinter jeden schrieb sie, wofür sie oder er einen Namen hat: *troubadour, poet, advocat, linguist, romancier.*

Als ich ins Café hineinkam, fiel sie mir sofort auf, weil sie sehr laut sprach und sehr fremd. Und weil Mehmet in der laut redenden und lachenden Gruppe mittendrin saß, nahm ich an, dass, was sie sprachen, Kurdisch sei. Mehmet grüßte herüber und winkte: *Viens chez nous!* Und als ich mich zu ihnen setzte: *Bienvenue entre mes amis!*

Erstaunlich fand ich, dass Mehmet in Istanbul so viele Freunde hatte, obwohl er doch, wie ich wusste, vor wenigen Tagen erst gekommen war, nach über zehn Jahren zum ersten Mal wieder. Nein, auch nie auf Besuch, kein einziges Mal. Aber nun sei er gekommen, um vor Ort über seinen Helden zu recherchieren, eine historische Figur, dessen Biographie er zurzeit schreibe. Und natürlich sei er auch gekommen, um nach den Jahren im Exil einmal wieder die Istanbuler Luft zu riechen; wie lange er es aushalte, wisse er noch nicht, so fremd, wie ihm die Stadt geworden sei.

Eine Woche später war er bereits abgereist, sehr plötzlich, hörte ich.

Damals, als ich mich zu ihm und seinen Freunden an den Tisch setzte und mich vorstellte, staunte ich, wie sie mir ihre Namen hinwarfen, als ob ich natürlich wüsste, wofür sie stehen, dann sofort wieder sich ihrem Gespräch zuwandten, von dem ich, natürlich, kein Wort verstand.

Ja, das ist Kurdisch, sagte sie, die neben mir saß, wer immer sie war, auf Englisch; und ich erinnere, wie sehr ihre Augen blitzten, als sie es sagte.

Ein ungewohnter Klang mitten im großen türkischen Sprachmeer, sagte ich, ob sie keine Probleme damit hätten, diese Sprache in der hiesigen Öffentlichkeit.

Sie – hieß sie Leyla, oder hieß sie Fatma? – lachte ein stolzes Lachen, und ich spürte, wie wenig Ahnung ich noch immer hatte von ihrer Sache.

Zwar war mir die aus Europa mitgebrachte Meinung schon ziemlich abhandengekommen und die hier in Istanbul gehörte fing an, mir auch einzuleuchten; natürlich wusste ich, in der Türkei leben viele Menschen kurdischer Abstammung, mehrere Millionen, über die Hälfte von ihnen im Westen des Landes, in den großen Städten, viele an den Stadträndern, und dass sie eine eigene Sprache haben, Kurdisch, aber viele sie längst ablegten zugunsten von Türkisch.

Leyla – oder hieß sie doch eher Fatma? – sagte, als sie mich dem fremden Sprachklang nachlauschen sah: Kurdisch gehört zur indo-europäischen Sprachfamilie, was du schon an den Zahlen erkennen kannst. Hörst du, wie nah sie denen der europäischen Sprachen klingen? Dann zählte sie mir vor, von eins bis zehn.

Ja, ich höre es, sagte ich; nicht jedoch, dass in meinen Ohren, was am Tisch um mich herum gesprochen wurde, klang wie kollernde Felsbrocken, aus einer Bergwand brechend. Stattdessen sprach ich von der Sehnsucht, die mich jahrelang in den Südosten zog, und dass ich das Land dort, seit ich es sah, liebe, die Berge, die Täler, die Wildheit, die Weite und die Menschen mit ihrem ungebrochenen Stolz.

Wo bist du gewesen?

Wir kamen bis Hakkâri, im September 92, kurz vor den schweren Kämpfen in Şirnak.

Was hast du dort gemacht?

Freunde eines Freundes besucht, sagte ich, und dass ich auf dem Flug von Ankara nach Van erfuhr, warum heute so viele im Westen des Landes leben. Krieg ist Krieg!, hatte der Mann, der neben mir im Flugzeug saß, mit verhaltener Stimme gesagt; und noch leiser hinzugefügt: Auf welcher Seite du auch stehst, töten ist töten! Und tot ist tot, wo immer du fällst! Darum gehen sie! Mich jedenfalls, sagte ich, habe jene Reise nicht nur bis an die Staats-, sondern auch an die eigenen Grenzen geführt, und dass ich heute wohl nicht mehr hinführe.

Hast du Angst?

In Kriegszeiten habe ich nichts zu suchen dort. Höchstens, wenn ich jemanden besuchen würde wie damals, aber ohne Grund und Anhaltspunkt –

Nun lachte die stolze Frau neben mir; und schaute mich herausfordernd an: Nächste Woche fahre sie nach Mardin, ob ich mitfahre, sie lade mich ein.

Wäre ich mitgefahren, wenn ich damals nicht nach Deutschland gemusst hätte, unaufschiebbar?

Damals sagte ich: Wenn ich bloß mitkönnte!

Und heute? Selbst wenn ich den Mut hätte, sie zu fragen,

ob sie mich mitnehme, wüsste ich nicht, wo ich sie suchen sollte.

Ich würde ihr nun öfter begegnen in jenem Café, dachte ich damals; oder sehr wahrscheinlich dachte ich gar nichts, so besoffen vom neuen Leben wie ich war.

Heute, als ich in einer deutschen Zeitung das Foto der endlich aus dem Gefängnis freigekommenen Leyla Zana sah, die Frage, ob sie meine Leyla oder Fatma oder wie immer sie sich damals nannte, ob sie es ist.

Nicht nur an ihren Namen kann ich mich nicht erinnern, noch nicht einmal an ihr Gesicht; einzig ihr stolzes Lachen ist mir noch im Ohr.

Und jener Zettel, auf den sie mir die Namen kurdischer Kulturschaffender schrieb, der muss auch noch irgendwo sein.

MANFRED UND MELEK

Die *Frankfurter Allgemeine Zeitung* auf einem der Sessel im Salon – um die Schlagzeilen zu überfliegen, falte ich sie auf und sehe: Sie ist vom heutigen Tag. Ich frage Melek, als sie mit dem Tee aus der Küche kommt, wo in der Stadt ausländische Zeitungen vom Tag selbst zu bekommen seien. Sie stellt das Tablett mit den Teegläsern und der Zuckerschale ab, nimmt mich am Ellenbogen und führt mich zum Fenster: Schau, jene Straße gehst du runter, höchstens hundert Meter weit bis zur nächsten Kreuzung, dort ist, schräg gegenüber von der Polizeistation, Alaaddins Kiosk; bei ihm bekommst du immer die aktuellen Ausgaben, von sämtlichen internationalen Blättern.

Da, wo ich Zeitungen kaufe, sind immer nur die vom Vortag zu haben oder noch ältere.

Melek lächelt: Alaaddin ist Alaaddin, er schafft das!

Und nicht nur das schafft er, sagt Manfred – aus seinem Arbeitszimmer ist er zu uns ans Fenster gekommen. Alaaddin hat auch alles sonst, was man ganz plötzlich dringend braucht, alles zum Überleben. Melek hat recht, er ist wirklich besonders. Aber erst einmal sollte ich Sie richtig begrüßen – wie schön, dass Sie uns endlich besuchen kommen!

Kommen Sie doch vorbei, wenn Sie hier in der Gegend sind!, hatten sie gesagt, als ich mit Emel das erste Mal bei ihnen war.

Emel hatte mich mit ihrer Schulfreundin bekannt machen wollen. Eine wunderbare Frau, sie wird dir bestimmt gefallen. Seit sie im *Alman Lisesi*, im Deutschen Gymnasium, nebeneinander in der Schulbank saßen, seien sie befreundet, sagte sie.

Ja, ich mochte Melek sofort. Und auch Manfred; seine Weltläufigkeit gefiel mir und wie er erzählte von seiner Zeit in Kabul.

In den 60er Jahren war er, der einer baltischen Diplomaten-Familie entstammt, als junger Sprachwissenschaftler für indo-europäische Sprachen dem Ruf an die Universität Kabul gefolgt und hatte mehrere Jahre dort gelehrt; nicht in Rom, nicht in Buenos Aires, sondern in Kabul!

Kabul war, sagte er, eine wunderschöne Stadt, bevor die Russen einmarschierten. Und das Leben dort – Afghanistan war noch eine konstitutionelle Monarchie –, ja, man konnte es sehr gut aushalten. Auch das herrliche Klima; die Hitze in Kabul ist trocken und der Winter nicht feuchtkalt, sondern wirklich kalt. Vor allem aber die Menschen – was für gescheite, kluge Menschen!

Manfred lachte, als ich nach den Frauen fragte, wie es um sie damals stand. Die Frauen, sagte er, waren wie die Frauen in Paris oder in Rom oder in Istanbul, kluge, moderne Frauen, und ob Frauen studieren sollten, nein, es war keine Frage! Selbstverständlich sprechen wir nur von den städtischen Eliten. In den ländlichen Gegenden lebten die Menschen der Tradition verpflichtet – nicht anders als in Anatolien, wo es ja auch lange noch sehr traditionell zuging. Übrigens die Hippies, die damals Afghanistan passierten auf ihrem Weg nach Indien – uns in den Städten hat das wenig berührt; aber gewundert haben wir uns schon über die ausgeflippten Wohlstandskinder mit ihren romantischen Träumen.

Mitte der 70er Jahre, als der König hatte abdanken müssen und Afghanistan mehr und mehr in eine Diktatur rutschte, war Manfred nach Istanbul gekommen, da freies Arbeiten an der Universität immer schwieriger wurde. Und hier in Istanbul, an der hiesigen Universität, haben sich Melek und er gefunden, sie noch Studentin, er bereits Professor, und wurden ein Paar; und seither leben sie in dieser Wohnung hier in Nişantaşı.

Mir hatte gefallen, wie Melek zu den Frauen Afghanistans zurückkehrte: Warum er es mir unterschlage, dass die Kabuler Studentinnen nicht nur sehr klug waren, sondern eben auch sehr, sehr schön. Worauf er, der inzwischen fast weißhaarige Manfred, seinen Arm um die zierliche, noch immer schwarzlockige Melek legte: Nein, die Frauen hierzulande sind nicht weniger schön! Und die Allerschönste bist immer noch du!

Wie oft bin ich durch Nişantaşı gegangen und habe daran gedacht, bei Melek und Manfred zu klingeln, ohne es zu tun; obwohl ich die schöne Sitte längst kenne, dass ohne vorherige Anmeldung zu klingeln möglich ist. Heute endlich tat ich es.

Mit Nachdruck sagt Melek noch einmal: Es ist Alaaddins Laden!

Wer ist Alaaddin – müsste ich ihn kennen?

Kennen Sie Orhan Pamuk?

Seine Bücher liebe ich sehr.

Haben Sie auch *Kara Kitap* gelesen?

O, ein wunderbares Buch! Mit großem Vergnügen las ich es, leider auf Deutsch; für Orhan Pamuks Sprache reicht mein Türkisch nicht.

Ja, wahrhaftig ein Istanbul-Roman! Und wenn Sie sich an

den Zeitungsladen im Roman erinnern – es ist jener Laden dort an der Ecke, und Alaaddin ist Alaaddin!

Ach – so eins zu eins also!

Alaaddin ist, wie wir alle, hier in Nişantaşı aufgewachsen, wir sind zur selben Schule gegangen; auch Orhan hat ja, wie Sie vielleicht wissen, zwei Straßen weiter gewohnt und hier ebenfalls die Grundschule besucht. Und auch er hat, solange er in Nişantaşı lebte, so wie wir alle, seine Zeitungen bei Alaaddin gekauft. Eines Tages dann hat er Alaaddin wohl gefragt, ob er ihn mitsamt seinem Laden in einen Roman hineinnehmen dürfe; worauf Alaaddin gezögert haben soll: Ağbey, was wirst du über mich schreiben, und was werden die Leute von mir denken! Orhan soll ihm versprochen haben, nichts, was ihm irgendwie schaden könnte, über ihn zu schreiben, nur Gutes. Und als Orhan mit seinem *Schwarzen Buch* großen Erfolg hatte, kamen die Journalisten auch zu Alaaddin in den Laden und interviewten ihn, und so wurde auch er berühmt. Alaaddin war natürlich mächtig stolz und hat aus sämtlichen Zeitungen die Interviews und Rezensionen ausgeschnitten und in den Fenstern seines Ladens ausgehängt – genau so wie im *Kara Kitap* die Mitteilungen für Galip im Fenster hängen.

Ich schaue mich um, nun selbst in Alaaddins Laden, was außer Zeitungen noch zu haben ist, und frage mich, wofür dieser ganze Krimskrams wem brauchbar sein könnte, wessen Wünsche damit zu befriedigen wären – und versuche mich zu erinnern, was alles im Roman-Laden herumsteht und hängt, aber auch, worauf die ausführliche Schilderung hindeute. *Das schwarze Buch* werde ich unbedingt noch einmal lesen, beschließe ich – und wende mich den Zeitungsständern zu. Die Auswahl ist üppig und: Alle Blätter sind tatsächlich vom heutigen Tage. Unschlüssig, welche ich nehmen soll, drehe ich die Ständer her und hin und erwische mit meinem Blick zwischen ihnen den Kastanienbaum, der draußen vor dem Laden steht – seine letzten braungelben Blätter, die plötzlich, von einem Sonnenstrahl getroffen, golden erstrahlen. Aber der Baum selbst, dass er so schütter ist! Mein Bild von ihm aus der Erinnerung an den Roman: Hochgewachsen steht er mit über Straße und Trottoir ausladender Krone. Immerhin, die Reklamen für Zeitschriften sind an seinen Stamm gelehnt wie im Buch!

Aber von den Rezensionen und Interviews, die Alaaddin laut Melek an die Scheiben gehängt haben soll, ist nichts zu sehen – ob sie bereits verblichen und zerbröselt sind? Und wo, an welchem der beiden Fenster des Ladens, ist vorstellbar, dass die Mitteilungen für Galip platziert worden wären?

Alaaddin selbst ist heute nicht im Laden, sehe ich, als ich nach hinten zur Kasse gehe, aber seine Frau.

Melek sagte: Alaaddins Frau war eine große Schönheit. Mit sicherem Gespür hat Alaaddin sie gefunden: Auf den ersten Blick erkannte er, dass sie die richtige Frau für ihn ist, nicht nur schön, immerzu freundlich, hilfsbereit und fleißig, sondern außerdem klug und selbstbewusst; genau richtig also für ihn und für seinen Laden, der ja auch nicht irgendeiner ist.

Das vielsagende Lächeln der noch immer jungen, schönen Frau, als sie mir die zu bezahlende Summe nennt – ich überlege, während ich im Portemonnaie nach passendem Geld krame, ob ich sie von Manfred und Melek grüßen soll; lasse es aber. Und gehe nun, die Zeitungen unter dem Arm, in Richtung Taksim Platz zurück und sehe in mir das Bild:

Die *Frankfurter Allgemeine Zeitung* auf dem Sessel im Salon – die mir Wegweiser wurde zu Alaaddins Laden, der sowohl in Nişantaşı existiert als auch in *Kara Kitap*.

KIRSCHEN IM SOMMER

Hasan, hilf der Frau, das Wasser nach Hause tragen!

Hasan, der Sohn des Bakkal, kommt über die Straße gerannt und nimmt die Wasserflaschen, eine in die rechte, eine in die linke Hand.

Alles Lebensnotwendige kaufe ich in diesem Eckladen, Salz, Zucker, Käse, Zigaretten und eben auch das Trinkwasser. Wasser in Glasflaschen zu kaufen, mit Pfand, nicht in Einweg-Plastikflaschen, beschloss ich, als ich mit europäisch geschärftem Blick für Müll nach Istanbul kam; mein kleiner Müllvermeidungsbeitrag, dachte ich damals. Obwohl sich mein Blick inzwischen verändert hat, ist es dabei geblieben, und obwohl die Flaschen aus Glas wesentlich schwerer zu tragen sind. Aber fast immer findet sich ja jemand zum Tragenhelfen, heute Hasan.

Heute, wie so oft dienstags, wenn Markttag in Cihangir ist, kaufte ich wieder taschenvoll ein, verführt von der Taufrische der Erdbeeren, Kirschen, Artischocken und so weiter, und wie meistens wird es für die ganze Woche reichen. Einkaufen wie die Hiesigen konnte ich anfangs nicht – scharf aufpassen, dass sie dir nichts Angestoßenes mit in die Tüte packen, was, falls du dem Verkäufer nicht auf die Finger schaust, fast sicher geschieht. Ja, inzwischen sage auch ich ganz ohne Scheu: Das will ich, das nicht! Und oft wiegt schwer, was ich dann nach Hause trage oder, falls zu schwer, tragen lasse.

Schwester, gib mir deine Taschen, ich trage sie dir nach Hause! – Als ich es zum ersten Mal hörte und mich verwundert umdrehte, schaute ich ins Gesicht eines hageren Mannes; sein Blick wich aus, aber seine Hand wies erklärend nach hinten zum Korb auf seinem Rücken.

Wie schön, dass es dies gibt hier, dachte ich und übergab ihm meine diversen Plastiktüten; nur etwas fehle mir noch, der weiße Käse.

Schwester, kauf so lang und so viel du willst, ich trage es!

Einen Schritt Abstand haltend, ging er hinter mir her, zwischen den Marktständen hindurch, und neigte, wenn ich noch etwas kaufte, den Korb, damit ich die neue Tüte hineinlegen könne; und dann folgte er mir durch die Gassen bis nach Hause und die Treppen hinauf und stellte die Last vor der Wohnungstür ab.

Wie viel schulde ich Ihnen?

Schwester, entscheide du, was du mir geben willst!

Mit dem, was ich nach meinem Ermessen gab, schien er zufrieden; jedenfalls zeigte er weder Enttäuschung noch Freude.

Inzwischen aber weiß ich, Trägersein ist ein Beruf hier – *hamal* heißt der Träger und *küfe* sein Korb, ähnlich dem, der im Tessin *gerla* genannt wird, *Chräze* um Zürich herum und *Kiepe* in Norddeutschland. Und auch was das übliche Entgelt ist, weiß ich; und gebe seither ohne Zögern und ohne mich zu fragen, ob der Lohn angemessen sei – was heißt schon angemessen!

Andererseits: Wenn dich jemand an einen Ort führt, den du alleine niemals finden könntest, oder dir sonst wie durchs Dickicht des Alltags hilft, darfst du, falls er oder sie die Hilfe spontan anbietet, keinesfalls Geld dafür geben. Falls du aber doch Geld gibst, weil du siehst, dass Geld trotz Abwehr erwünscht ist, musst du darauf achten, es nebenbei zu tun, so als ob ihr beide es nicht sähet. Denn vergiss nicht, Hilfe ist nicht zu bezahlen, weil Hilfe Ehrensache ist; oder doch einfach selbstverständlich unter Menschen.

Hasan, der vor mir geht und das Wasser trägt, je eine Flasche in jeder Hand, wie alt mag er sein? Acht vielleicht oder neun. Sein aufrechter Kindergang, während er die steile Straße hinabgeht, sein stolz erhobenes Jungenhaupt – der Tragejob scheint ihm, der gewöhnt ans Helfen ist, keine Schmach zu sein.

Nicht von Anfang an war der Bakkal oben an der Ecke »mein« Bakkal. Vor ihm hatte ich einen anderen, dessen Laden näher liegt, schräg gegenüber, gleich oberhalb vom Italienischen Krankenhaus. Aber plötzlich, nachdem der mich mit meinem Geliebten straßabwärts hatte gehen sehen, benahm er sich, als ob ich Luft wäre, wenn ich grüßend an seinem Laden vorbeiging; und wenn ich den Laden betrat, hantierte er hinter dem Tresen herum, packte Waren aus, räumte sie ein, ordnete Papiertüten, telefonierte, bevor er mich endlich bediente.

Nicht dass mein Geliebter und ich auf der Straße eng umschlungen gegangen wären, nicht einmal Hand in Hand oder sonst wie anstoßend an irgendeines Bakkals Moral, nein, es genügte offenbar, dass ein türkischer Mann neben mir ging, um zu bestätigen, was hier viele zu wissen meinen: Jede Frau aus Europa ist eine Hure.

Dass er und seinesgleichen sich nichts anderes vorstellen können!

Aber auch: dass türkische Männer, die eine europäische Frau begleiten, nichts anderes als Hurenböcke sein sollen – warum so einseitig und ausschließlich! Warum kann ein Türke nicht, zum Beispiel, auch ein Deutsch- oder Französisch-Lernender sein oder ein Türkisch-Lehrer oder ein Kollege oder Freund oder was weiß ich sonst!

Anfangs dachte ich natürlich, auf seine Bakkal-Ehre pfeife ich, mir kann schließlich egal sein, für wie ehrlos der mich hält; abhängig von ihm und seiner ehrenvollen türkischen Gesellschaft bin *ich* nicht; nicht wie er. Irgendwann dann reichte es mir doch.

Seither gehe ich zum Bakkal an der Ecke zwei Straßen weiter oben. Tag und Nacht hat er geöffnet, immer ist jemand im Laden; tagsüber fast immer Hasans Vater und eben die Söhne, die ihm helfen, nachts die unverheirateten jungen Männer der Familie. Alle sind sie freundlich, und gut bedient wirst du von jedem – allerdings ausschließlich von den männlichen Familienmitgliedern; ihre Frauen und Töchter erscheinen im Laden nie.

Manchmal in der Mittagszeit hütet der Großvater den Laden; ein rührend netter alter Mann, der mich bittet, da ihm seine Brille keine guten Dienste mehr leiste, selbst nachzusehen auf dem Preisschild, was ich zu zahlen habe, und erleichtert ist, wenn ich statt seiner auch die Endsumme errechne.

Ja, aus einem Dorf in den Bergen hinter Diyarbakır stamme er, sagte er, aber schon vor elf Jahren sei er mit seinen Söhnen nach Istanbul gekommen.

Ob Frauen und Töchter dort geblieben seien.

Erst verstand er meine Frage nicht; dann aber doch: Natürlich sind die Frauen und die Kinder auch mitgekommen! Und großväterlich stolz fügte er hinzu, inzwischen habe er bereits sieben Enkelkinder, fünf davon geboren in Istanbul.

Hasan ist jung, und die Wasserflaschen sind eher unhandlich als schwer. Außerdem sieht Hasan aus, so selbstverständlich wie er den Tragejob tut, als ob er ihn nicht ungern tue; jedenfalls scheint er seiner Kinderwürde nicht abträglich zu sein. Vielleicht sogar, dass Hasan früh schon erfährt: Er ist ein vollwertiges Glied der Gesellschaft, nicht ein nur geduldeter Mitesser.

Drüben im alten Stambul jene Träger, die zum Tragen von Lasten auf ihren Rücken nicht Körbe tragen, sondern Gestelle aus Holz mit dick gepolsterten Schulterschlaufen und Nackenschutz. Sie tragen alles, was sich nur irgend tragen lässt auf ihren Trag-Gestellen; Lasten, die ihnen von Lastwagen herab aufgepackt werden, tragen sie durch die Gassen, die zu eng sind, als dass ein Auto sie passieren könnte, in Geschäfte und Lager und Büros oder wohin immer du willst, dass sie es tragen. Manchmal ist, was sie zu tragen haben, so schwer, dass sie nur sehr langsam gehen, mit vorgebeugtem Oberkörper, Schritt vor Schritt balancierend; und oft ist, hoch aufgetürmt und weit ausladend wie ihre Lasten sind, von ihnen, den Trägern, nichts zu sehen, wenn sie an dir vorbeigehen, nur ihr gepresstes Atmen zu hören und ihr Rufen um Durchlass; und falls du doch ein Gesicht erhaschst, siehst du, ihr Blick ist nach innen gerichtet, achtend auf ihren Rücken, das Kreuz und die Last.

Zufällig einmal, in der Nähe vom Großen Bazar, geriet ich in die Gasse der Lasten-Träger und sah: Sie hocken auf ihren Trag-Gestellen, warten auf Arbeit. Andere, sah ich im Vorbeigehen, saßen in Untergeschossen, die einzusehen sind von der Straße aus; an langen Tischen saßen sie und aßen aus Näpfen, alle dasselbe Gericht, so dass ich mich fragte: Ob sie vielleicht organisiert sind? Später dann erfuhr ich: Auch diese

Knochenarbeit ist fest in den Händen bestimmter Clans, und in ihren Genuss kommt nur, wer irgendwie dazugehört.

Hasan stellt die Flaschen vor meiner Wohnungstür ab, *buyurun*, bitte sehr!

Ich greife in eine der Tüten, will ihm zum Dank zwei Hände voll Kirschen geben; und sehe, als ich sie ihm reiche, seinen fragenden Blick. Kirschen würden ihn freuen, dachte ich, da sie, obwohl Sommer ist, Kirschenzeit also, nicht billig sind in der Stadt und für ihn wohl eher rar. Aber Hasan hätte lieber, sehe ich jetzt, keine Kirschen haben wollen.

Nächstes Mal, wenn er mir das Wasser nach Hause trägt, werde ich ihm nicht geben, was dann gerade reif ist, Aprikosen, Pfirsiche, Pflaumen, Weintrauben, sondern was er von mir, der ausländischen Frau, wahrscheinlich erhofft hat: Geld.

JOGHURT IM RUCKSACK

Wirst du, wenn du eines Tages über Istanbul schreibst, auch über uns und unsere Liebe schreiben?

Die Frage meines Geliebten erschreckte mich, weil er sie nach unserem ersten Streit stellte. Obwohl es im Grunde genommen nur eine Verstimmung war wegen eines ausgelaufenen Bechers Joghurt im Rucksack.

Dabei hatte der Tag so strahlend begonnen, mit Sonnengeglitzer auf Bosporus und Marmara Meer. Über Nacht hatte der zauberische Lodos Dunst- und Dreckschleier verblasen, so dass wir am Morgen sagten: Lass uns mit dem Schiff nach Anadolu Kavağı fahren und dort picknicken! Was in der Küche noch war, packten wir ein, Tomaten, Käse, Obst. Frisches Brot, sagten wir, kaufen wir auf dem Weg zum Schiff. Und dann kauften wir Brot und Joghurt dazu. Warum nicht, lachte mein Geliebter, türkischen Joghurt magst du doch so gern! Und also fuhren wir mit dem Schiff den Bosporus hinauf, genossen die Fahrt und die Aussicht und dass der Frühling nun wiederkommt und wir zusammen wieder Ausflüge machen werden, den ganzen Sommer lang.

In der Bucht gegenüber von Sarıyer sahen wir den ausgebrannten Frachter vor Anker liegen, der vor wenigen Tagen mit einem Tanker zusammengestoßen und in Flammen aufgegangen war. Der Tanker sei ins Schwarze Meer hinausgeschleppt worden, hieß es, und brenne noch immer. Weil kein Lotse an Bord war, oder weil er zu spät erst hinaufstieg, soll das Unglück passiert sein; ein Unglück, bei dem ich weiß nicht wie viele tausend Schafe an Bord im Feuer starben und Öl tonnenweise auslief und brennend auf dem Wasser trieb.

Noch immer sind Teerklumpen bosporusabwärts schwimmend zu sehen; und Quaimauern und Schiffsbäuche und alles sonst, was im Wasser dümpelt und treibt, sind schwarz verschmiert, Plastikflaschen, Kisten, Blumenkohlstrünke, Zeitungspapier. Und in Kuruçeşme liegt bereits ein Boot von Greenpeace vor Anker, um den Schaden zu begutachten. Aber am Ufer stehen schon wieder die Angler.

Für die großen Schiffe ist der Bosporus vorläufig gesperrt, und es werde überlegt, ist zu hören, ob für die Durchfahrt Lotsenzwang eingeführt werden solle. Bis dahin war es Ermessenssache der Reedereien gewesen, wie sie die nicht unerheblichen Kosten für den Lotsen gegen das Risiko einer Kollision in der engen, stark frequentierten Wasserstraße abwägten.

Wir jedenfalls, mein Geliebter und ich, gingen in Anadolu Kavağı an Land, spazierten zwischen Häusern und Gärten den Hügel hinauf, vorbei am ehemals scharf bewachten Militärbezirk, der über der nördlichen Einfahrt des Bosporus thront; heute sind die Zäune niedergetreten, und die Schilder mit Warnung vor Schießenden rosten im Gras.

Wir stiegen hinauf bis zur Burg, von den Genuesen angelegt, von den Osmanen ausgebaut, heute eine Ruine und an Sonntagen ein beliebtes Ausflugsziel mit fantastischem Ausblick.

Wir schauten hinaus aufs Schwarze Meer, staunten, wie schwärzlich es ist auch bei strahlender Sonne, und hielten

Ausschau, ob der brennende Tanker zu sehen sei irgendwo – was er nicht war. Wer weiß, wo sie den hingeschleppt haben, sagten wir und setzten uns ins Gras, an die Burgmauer gelehnt, und genossen die zärtlich wärmende Frühlingssonne – und dann eben der ausgelaufene Joghurt! Beim Öffnen vom Rucksack kam er zum Vorschein.

Nein, über die nun folgende Missstimmung gibt es nichts zu erzählen, auch wenn sie, weil sie die erste zwischen uns war, bemerkenswert ist. Obwohl andererseits ja auch ziemlich banal. Aber dann eben die Frage meines Geliebten – an einer steilen Stelle beim Abstieg reichte er mir seine Hand, damit ich nicht rutsche, und als es sich wieder leichter ging, schräg hinab über eine Wiese, stellte er sie.

Wie könnte ich über dich schreiben, sagte ich, ich liebe dich doch!

Später einmal, glaube ich, wirst du es doch tun.

In seinen samtschwarzen Augen die vorweggenommene Trauer über die mögliche Trennung – die, ja, ich kann es mir nicht anders vorstellen, eines Tages kommen wird; allerdings erst sehr viel später.

Niemals könnte ich das!, sagte ich und dachte es auch, damals.

Auch heute noch denke ich so.

Aber die Frage, ob Schreiben das Ende der Liebe ist –

HUSTEN IM KELLER

»Jahre der Liebe« wäre ein schöner Titel, dachte ich heute Morgen unter der Dusche, als wieder, wie so oft morgens, der fürchterliche Husten unten im Keller losging; ein alter Raucherhusten, der allmorgendlich rausmuss aus einer verkodderten Lunge, ein kollernd grollendes Gehuste, das sich überschlägt im engen Hof, der eigentlich kein Hof ist, nur ein Lichtschacht; nur Küchen-, Toiletten- und Badezimmerfenster schauen auf ihn, oder eigentlich schauen sie nicht, undurchsichtig verglast wie die Fenster alle sind; außer Licht und Luft gibt der Hof nichts her; Gurren von Tauben noch, die auf Leitungen und dem Gestänge der Wassertanks turteln, und das Geschrei der Möwen auf dem Dach; manchmal auch Zischen von Braten in heißem Öl; und Gerüche natürlich, Essensgerüche vor allem; aber auch, wenn Schnee fiel über Nacht oder Smog auf die Stadt sich legt; Stimmen von Menschen sind kaum je zu hören. Nur eben dieser Husten allmorgendlich, der herausbricht aus einem geschundenen Leib.

Dass da unten im Keller sich einer hustend fast die Lunge aus dem Leib kotzt, fast jeden Morgen – tausendmal hab ich den Huster verwünscht, gewünscht, dass er doch endlich verstumme; obwohl ich nicht einmal weiß, wer er ist, der so hustet; nur dass es einer unten im Keller sein muss. Dort unten im Souterrain aber wohnt der *kapıcı* mit seiner Frau, und der ist nicht so alt, wie der sein muss, der so hustet; und außerdem geht der *kapıcı* frühmorgens aus dem Haus zur Arbeit, seiner anderen Arbeit; denn wenn er nur von der Hausmeisterei leben sollte, sagte er, als ich ihn einmal bedauerte, so spät abends noch das Treppenhaus wischen zu müssen, die Hausmeisterei allein, sagte er, würde noch nicht einmal fürs Leichentuch reichen.

Dass der Husten sogar zu hören ist, wenn ich unter der Dusche stehe! Der Wasserdruck ist zwar selten stark genug für strammes Rauschen, aber dass selbst dann dieser Husten bis zu mir dringt! Dagegen kann ich nicht anduschen. Immer wieder kann ich mir zwar sagen, dass mich dieser Husten nichts angeht, trotzdem, immer wieder, besonders unter der Dusche, springt er mich an. Über ihn kann ich nicht wie über tausenderlei anderes, was mir anfangs unüberhörbar schien, hinweghören; an ihn kann ich mich nicht gewöhnen, auch nicht ihn überlisten, indem ich meine Dusch-Zeiten ändere, weil kein Verlass ist auf ihn; weder kommt er immer zur selben Zeit noch jeden Tag, sondern unerwartet und plötzlich fällt er über mich her; und eben oft, wenn ich zufällig grad unter der Dusche stehe, nackt und wehrlos.

Die Unentrinnbarkeit, dachte ich heute Morgen, als es wieder losging, wieder als ich unter der Dusche stand, das unausweichliche Ausgeliefertsein an diesen Hof mit dem winzigen Ausschnitt von Leben, zufällig zusammengewürfelt; und plötzlich fiel mir, während ich das Shampoo aus dem Haar spülte und gegen den Husten anzusingen versuchte, Paul Nizons Geschichte ein von seinem Hof in Paris, der Taubenmann darin und die Frauengelle, eine Geschichte, die ich sehr mochte; und auch der Titel fiel mir wieder ein, *Das Jahr der*

Liebe, und ich dachte, dass ich diesen Titel, wenn er nicht schon besetzt wäre, gern nähme – falls ich einmal über Istanbul schreiben sollte.

TROMMLER IN DER NACHT

Zu zweit stehen sie vor meiner Tür, Männer unbestimmbaren Alters, wortlos, mit Mütze auf dem Kopf, darunter ihre Gesichter sind dunkel, und ihre Blicke, sehe ich, weichen aus.

Was wünschen Sie?

Einer hält die Hand auf; grauschwarz ist sie und der dazugehörige Jackenärmel steif vor Alter.

Wofür?

Der mit der offenen Hand weist stumm auf eine Trommel, die an seinem Gurt hängt.

Ich verstehe: Sie also sind die Trommler, die nachts trommelnd durch die Straßen ziehen, um die Menschen in den Häusern aus ihrem Schlaf zu reißen, damit sie, Stunden vor Tagesanbruch, aufstehen und kochen und noch einmal essen und beten, bevor die Sonne aufgeht.

Seit fast zwei Wochen sind sie unterwegs nachts, trommelnd. Und fast schon hab ich mich an sie gewöhnt, an ihr Getrommel, und liege nicht mehr stundenlang wach, dem Schrittegetrappel über mir lauschend, mir vorstellend, wie die Frauen in solcher Herrgottsfrühe kochen, und wenn das Stühlegeschiebe losgeht, wie sie sich setzen und essen mit ihren Männern und Kindern, den größeren. Die kleinen dürfen liegen bleiben und weiterschlafen, sie betrifft das nächtliche Trommeln nicht.

Auch ich höre es kaum mehr. Sollen sie doch trommeln mitten in der Nacht, und essen und beten, wann immer sie wollen!

Aber ich verstehe, dass Trommeln in der Nacht eine Arbeit ist, die ihren Lohn fordert; umsonst kommen sie nicht aus den Vorstädten mitten in der Nacht.

Straßen und Quartiere, wer wo trommeln darf, teilen sie sich auf, auch dies nach tradiertem Recht von Sippen und Clans, hörte ich. Nicht anders, wenn es um die Plätze geht für Straßenverkauf und Bettelei.

Täglich einmal einem Bedürftigen etwas zu geben – jene im Islam verankerte Tradition –, ja, auch ich versuche möglichst mich daran zu halten. Und bitte, gib besonders den Kindern!, bat mein jüngster Sohn, der damals, als er mich zum ersten Mal in Istanbul besuchte, selbst noch ein Kind war.

Heute aber, seit ich weiß, dass die balkanische Bettel-Mafia auch in Istanbul ihr Geschäft mit dem erbärmlichen Gewissen treibt, wähle ich aus und gebe nur, wenn mein inzwischen auch hierfür geschärfter Blick es für, nein, nicht für Not wendend hält, das bilde ich mir nicht ein, aber doch, vielleicht, für notlindernd; mindestens meine eigene Not: das schlechte Gewissen.

Und sie, die hier auf dem Treppenabsatz vor meiner Wohnungstür stehen und warten?

Sie stehen einfach nur da, stumm, mit offener Hand und gesenktem Blick. Aber der Vorwurf darin!

So ist das also – abends, wenn alle zusammensitzen während des Ramadan, wenn sie essen und lachen und lustig sind, dann geht ihr von Haus zu Haus und klingelt an jeder Tür und macht eure Hand auf: Trommler-Halbzeit!

Nein, sage ich, ich will nachts nicht geweckt werden. Ich faste nicht. Ich bin nicht Muslimin.

Auch sie, die Trommler, sollen wissen, auch ich bin ein Mensch, und meinen Anspruch auf Würde werde ich mir nicht erkaufen durch ihr wohlwollendes Entgegennehmen meines Geldes. Eure Trommelei brauche ich nicht, obwohl ihr mein Geld natürlich gut brauchen könntet, denke ich und sage *Iyi geceler,* gute Nacht!, und schließe die Tür und höre, sie gehen die Treppen hinunter, wortlos, und klingeln einen Stock tiefer.

Euer sprachloser Vorwurf – weil ich nicht von hier bin und nicht glaube wie ihr! Aber glaubt nicht, dass ihr mich kriegt, ihr mit euren finsteren Blicken, nur weil ich ein schlechtes Gewissen habe! Auch ich bin nur ein Mensch!

Die Wut im Bauch, aufgemischt von Ohnmacht und Scham, dass es so ist, wie es ist, alles, die Welt, die Menschen, ich –

Ich trete ans Fenster, schaue hinaus in die Nacht und sehe: Jetzt eben geht, oh Wunder, der Mond auf über Asien. Ein Mond wie ein Lampion so rund und so rot – es ist wirklich zum Lachen! Und wie rasch er hochsteigt! Und keiner kickt ihn runter vom Himmel, diesen unverschämten Mond!

Ich ziehe die Vorhänge zu. Ich will ihn nicht sehen. Nicht heute.

ROTER HALBMOND

Ja, der Absturz war vorauszusehen. Dass es so kommt – ich wusste es von Anfang an.

Aber das Wissen half nicht.

Und auch drüber hinweggehen half nicht.

Sogar Hatice, meine praktische Fee, wusste nicht weiter, als Liegen im Bett, mit Wärmflasche und heißem Lindenblütentee, nichts bewirkte. Dass auch die feuchtwarmen Wickel, die sie mir auf den Bauch legte, die Krämpfe nicht zu lösen vermochten, beunruhigte sie, und dass selbst Aspirin versagte, das Allerweltsmittel, das doch sonst immer hilft. Hatice flüsterte nur noch und huschte auf Zehenspitzen durch die Wohnung, und nahm mir, bevor sie ging, das Versprechen ab, dass ich zu einem Arzt gehe. Geh unbedingt, bevor es zu spät ist, sagten mir ihre blauen Augen, und ihr Mund sagte: Der Arzt kann dir bestimmt helfen.

Ich versprach es, und ging nicht – ich wusste ja, da ist nichts.

Dann aber die schlaflosen Nächte, das Gejaule der Hunde, die in Rudeln durch die Stadt streunen, der Gestank von brennendem Müll irgendwoher, trotz geschlossener Fenster; und tagsüber das ununterbrochene Verkehrsbrausen, die heulenden Polizei-Sirenen, immer wieder, und vom Gasflaschen-Auto das scherbelnde Gebimmel, *Aygaz Aygaz*, und

Radiomusik von überallher, schmelzig-arabeskes Gedudel, und spitzes Geschrei von Kindern, und von rufenden Müttern der schneidende Singsang.

Was, wenn dein Vertrauen ins Glück sich als Illusion erwiese, als schiere Traumtänzerei, und Zufall nicht ist, was dir zufällt, sondern tatsächlich beliebig, und nun zufällig du dran bist!

Die irrwitzige Angst, dass in mir bereits das Ende sitze, festgefressen –

All die ungenutzten Chancen!

Ein vertanes Leben – nein, nicht in permanenter Emanzipation mit immer neuen Aufbrüchen, sondern endlose Folge von Fluchten.

Oder doch folgerichtig?

Aber jene, die du zurückgelassen hast?

Dass Doktor Öztürk ein wunderbarer Arzt sein muss, war ich mir sicher, schon als ich ihn das erste Mal sah. Ins Gespräch mit ihm kam ich bei einem Treffen jener Menschen, die noch immer erfüllt sind vom Pioniergeist der jungen Türkischen Republik. Er sagte, er sei nicht Arzt geworden, um sich selbst zu helfen; darum arbeite er im *Kızılay Dispanseri,* nicht in einer Privatpraxis. Sein Lächeln gefiel mir sehr, ich dachte, dass ich ihn mir als Arzt gut vorstellen könne und gerne zu ihm ginge, falls ich jemals ärztliche Hilfe bräuchte. Dass ich die eines Tages tatsächlich brauchen würde, nahm ich nicht an, so besoffen vom neuen Leben wie ich damals war; obwohl, das wusste ich natürlich, wenn die anfängliche Euphorie verflogen ist, wird der Preis zu zahlen sein.

Im Boot hinüber nach Üsküdar wieder der stechende Schmerz und die Übelkeit – am besten, du gingest gleich über Bord, dachtest du; und beim Schritt an Land, um nicht daneben zu treten, warst du gezwungen, um eine helfende Hand zu bitten. Und als du hinüber zu den Taxis gingst, das unerträgliche Geschrei der grellbunten Blumenfrauen hinter dir her: Madame, Madame, Blumen, ganz frisch! Ihre kreischenden Stimmen und ihr freches Lachen dazu – sie lachen und schreien, wie es ihnen passt, und leben ihr Leben, ohne zu fragen, was sie hier sollen! Sie haben keine Wahl, als bei Sonne Wind Regen Schnee ihre verderbliche Ware möglichst rasch und möglichst einträglich loszuwerden. Trotzdem dein Blick zurück vom Taxi aus: Wenn du tauschen könntest mit ihnen, wolltest du geschenkt ihr Leben dort hinter den Kübeln voller Blumen, jahrein, jahraus?

Doktor Öztürk nahm sich Zeit, fragte, horchte, tastete und veranlasste diverse Kontrollen; er nahm mich ernst mit meiner Angst. Und als die Laborwerte vorlagen und er mich noch einmal zu sich hereinbat, nahm er mich immer noch ernst. Psychosomatisch, das kommt vor, sagte er und lächelte unverändert sein gutes Lächeln. Nur gut, dass Sie gekommen sind, und wenn wieder etwas ist, kommen Sie ruhig wieder, ich bin immer für Sie da!

Vielleicht war es das.

Ich gehe zurück durch Üsküdar, die Straßen hinab ans Wasser – es ist wirklich zum Lachen: Wieder ist dir zum Hüpfen leicht! – und schräg über den Platz auf die Schiffanlegestelle zu, und höre wieder das Rufen der Frauen: Madame, Madame! Frische Blumen, ganz frisch! Von weitem schon haben sie mich als potentielle Kundin erkannt.

Mit *Merhaba hanımlar!* stelle ich mich vor sie und ihre Kübel voller Blumen und zeige auf die Feuerlilien: Die möchte ich, ich nehme sie alle! Den ganzen Kübel kaufe ich leer.

Na, die hat's aber!, höre ich eine der Frauen zu den anderen sagen, als ich mit dem Blumenbündel im Arm zum Schiff hinübergehe.

Ja, ich hab's wirklich!, drehe ich mich noch einmal zu ihnen zurück, unglaubliches Glück, heute nämlich ist mir mein Leben neu geschenkt worden!

Die Frauen werfen sich Blicke zu und lachen prustend los. Ich lache zurück und springe aufs Boot, den Arm voller Blumen – ob sie *neues Leben* als *neue Liebe* verstanden haben, wie es, glaube ich, auf Türkisch auch verstanden werden kann? Oder, könnte sein, mein Türkisch hat es dazu gemacht, was ja auch nicht weiter schlimm ist; das Leben, die Liebe, das Glück, und dass mir noch einmal eine Chance geschenkt ist –

Morgen kommt Hatice: Alles ist wieder gut!, werde ich ihr sagen, falls sie danach fragt und es nicht längst vergessen hat. Aber die zunderroten Lilien werden noch eine Weile stehen und blühen und mich erinnern an das irre Glück.

ROSEN UND JASMIN (FÜR NÂZIM HIKMET)

Es ist zum Verrücktwerden, dieser Rosen- und Jasminduft!

Dass die Rosen so blühen, als wäre nichts sonst auf der Welt – Büsche voller Blüten, rankend übers Geländer, großblumige, üppig duftende Sorten, Blüte an Blüte, und keine, die sich knospig noch zurückhält; alle haben sich ganz und gar geöffnet und verströmen ihren Duft in der warmen, weichen Sommerluft.

Noch verrückter ist, dass über so Betörendes zu schreiben fast nicht möglich ist.

Nur er, er konnte es, wie kaum jemand sonst konnte er, im selben Gedicht, *trotz Meldungen von Krieg und Tod*, von Liebe und Landschaften schreiben.

Auch die Akazien und Linden blühen und duften betörend in dieser Juniwärme, aber der Duft von Rosen und Jasmin ist überwältigend; und verführt zum Träumen.

Er träumte den Traum von einer Welt, wie sie sein könnte, schöner, besser, gerechter. Und gab die Hoffnung nicht auf, lebenslang; auch als er hinter Gefängnismauern saß, glaubte er daran, an die Liebe, an das Leben, an den Menschen. Obwohl er Jahre dort saß, einzig, weil er in seinen Gedichten davon schrieb.

In alten Zeiten wurde, wer nicht mehr gefiel, Frauen hoher Herren der Hohen Pforte, wie eine Katze in einen Sack gestopft, mit Steinen beschwert und im Marmara Meer versenkt; mag sein, dass auch Männer so verschwanden auf Nimmerwiedersehen.

Und heute, wie wird mit unliebsam Gewordenen verfahren? Ich weiß es nicht.

Sie aber, die hinter hohen Mauern sitzen und warten und träumen von draußen und hoffen, dass sie sie jemals wiedersehen, ihre Lieben, ihre Stadt, das Meer und die Berge, sie wissen es.

Und er, der Gedichte schrieb, wie die Welt schönere kaum kennt, Gedichte der Liebe und des Glaubens an Zukunft trotz Hunger und Not, Gedichte vom Duft frisch gepflügter Erde, von Schneeluft und Rauch, vom Geruch eines Geranienblattes, der an den Fingerspitzen haften bleibt, und vom Rot einer letzten Nelke im Topf vor dem vergitterten Fenster, von Schreien fortziehender Vögel und vom Ruf des Fleisches, und von Sehnsucht nach der geliebten Frau im geliebten Istanbul – das er, kaum betrat er es wieder, verlassen musste; und es nie mehr wiedersah, die Stadt nicht und nicht das Land; nur ein einziges Mal noch von hoch oben aus dem Flugzeug.

Es ist wirklich zum Verrücktwerden, dass es so ist!

Und doch ist es schön, hier zu sitzen, eingehüllt in den Duft von Rosen und Jasmin!

Rote Nelken würden für ihn besser passen. Auch Nelken duften betörend. Wenn ich bloß wüsste, wo Nelken so üppig gedeihen und blühen wie hier die Rosen!

Schön ist es hier auch im Winter: drinnen im Malta Köşk in wohliger Wärme vom Sommer zu träumen, während draußen auf der Terrasse Schnee liegt und drüben das Ufer in Grau.

Mag sein, dass auch er den Yıldız Park liebte, winters mit Schneeluft, sommers mit Wolken über Asien; vielleicht dass er unter Bäumen im Gras lag, vielleicht mit einer Geliebten im Arm, eingehüllt in Rosen- und Jasminduft; oder, auch möglich, dass er hier oben saß und schrieb – so wie er schrieb, überall und trotz allem, selbst im Gefängnis; obwohl auch möglich ist, dass er, der so glühend an kommende Zeiten glaubte, von so viel Vergangenheit beladene Orte mied.

Ich, frei von jeder Zeit, sitze in der geschmeidigen, seidigen Sommerluft und lasse den Stunden ihren Lauf. Ach, schöner könnte es nicht sein!

Und wird es, wer weiß, nicht mehr werden.

Ja, auch ich habe die vierzig längst überschritten. Und doch, auch ich weiß, *das schönste Meer ist das noch nicht befahrene, die schönsten Tage sind die noch nicht gelebten.*

Und also sitze ich, bis die sinkende Sonne rotgolden auf dem Bosporus tanzt, bis der Abendhauch durch die Bäume streicht und die feinblättrigen Akazien erzittern lässt und meine nackten Schultern erschauern; bis der Kellner die Rechnung dezent auf den Tisch legt für das Genossene des heutigen Tages – der, trotz allem, was heute ganz sicher auch geschehen ist, schön war.

COLA UND SIMIT

Kitap fuarı – wie jedes Jahr bei der Buchmesse diese Menschenmassen, ein Geschiebe und Gedränge in den Hallen, zwischen den Ständen, in den Gängen, auf den Treppen, und das Stimmengewirr obendrüber –

Ich muss raus – Luft, Licht, jetzt sofort!

Draußen, auf der Terrasse vor dem Messe-Gebäude, atme ich tief durch, kaufe mir eine Cola und ein Simit, schaue, wo Platz ist auf den Bänken, wo ich mich dazusetzen könnte; die Jugendlichen sind mir zu lärmig, und die Frauen, wie sie zusammensitzen, zu dicht, aber dort drüben seh ich eine Bank, auf der nur einer sitzt. Den freien Platz mit den Augen festhaltend, gehe ich, vorbei an den Menschenschlangen vor den Kassen, hinüber zur Bank und freue mich: Er, der hier sitzt, wo ich dachte mich dazuzusetzen, ist ein Lesender! Einer also, mit dem sich, falls unumgänglich, ein paar Worte wechseln ließen ohne Missverständnis von vorneherein. Und tatsächlich, als ich mich hinsetze, die Dose klick-öffne und den krossen Sesamkringel durchbreche, schaut er nicht auf; er unterbricht seine Lektüre nicht. Aber ich sehe jetzt, was er liest: *Ulysses*.

Ein echter Leser also!

Ich lese nicht, sondern beiße vom Simit ab und trinke Cola dazu und schaue über die Dächer von Tepebaşı aufs schimmernde Goldene Horn; und hinüber nach Stambul, von zartem Dunst verschleiert, die Fatih Mehmet Moschee als Silhouette – ein Novembertag, vom Sommer nachgereicht, zauberhaft und wehmütig zugleich.

Der Lesende neben mir, versunken in sein Buch – wie mag für ihn *Ulysses* wohl sein?

Seine Hände sind fein, sehe ich, seine Schuhe blank, weiße Socken trägt er, Jeans und Jackett, keine Krawatte; im dichten, schwarzen, über *Ulysses* gebeugten Schopf schimmern einzelne weiße Haare. So wie er liest und liest, ich hatte mich nicht getäuscht: Ihn interessiert nicht, wer neben ihm sitzt. Wirklich ein Leser!

Die herumspringenden und schreienden Schulkinder, ein schnatternder, flatternder Haufen – klassenweise werden sie durch die Buchmesse geschleust, nun haben auch sie Pause. Und Studenten in Gruppen, die herumstehen und lachen und reden und schäkern und sich necken, um einander und um sich selbst sich drehend – wie Ballett, zum Zuschauen schön!

Und irgendwann dann streifen sich unsere Blicke doch, des *Ulysses*-Lesers und meine, und wir kommen doch ins Gespräch.

Ja, er lese sehr gern und sehr viel, europäische Literatur vor allem; und dass nun endlich auch *Ulysses* auf Türkisch erschienen sei, darauf habe er lange gewartet, denn leider sei sein Englisch fürs Original nicht gut genug.

Mein Englisch ist auch nicht gut genug dafür, sage ich, und finde, der Ausdruck im Gesicht des Lesers ist angenehm. Ich frage, ob er Irland kenne.

Nun lerne er es kennen, sagt er und lächelt ein Lächeln, in dem Melancholie mitschwingt und Resignation. Aber England kenne er, ein bisschen jedenfalls. Vor Jahren einmal sei er dort gewesen, in London, für ein dreimonatiges Praktikum während seines Medizinstudiums. Sonst kenne er leider kein Land in Europa; keines jedenfalls, das er mit Füßen betreten habe, nur eben lesenderweise.

Sie sind wohl Arzt, soweit ich verstanden habe, was für ein schöner Beruf!

Ja, ein schöner Beruf, sagt er und seufzt, aber den Menschen wirklich zu helfen ist nicht immer leicht.

Ob er sich spezialisiert habe, wo er arbeite, in einer Praxis oder in einem Krankenhaus.

Er schaut mich an, in seinen Augen wieder diese Melancholie; dann wandert sein Blick über die Dächer, hinab zum Goldenen Horn; er schweigt. Und wieder schaut er zu mir, fragend, zögernd, und sagt sehr leise: Ich bin Arzt, ja, aber ich arbeite weder in einer Praxis noch in einem Krankenhaus, sondern in einem Gefängnis.

Was macht ein Arzt im Gefängnis – frage ich nicht; sondern sage, dass überall, wo Menschen sind, es natürlich immer auch Kranke gibt, die ärztliche Hilfe brauchen, also auch im Gefängnis.

Ja, ich tue, was ich kann, sagt er und seufzt. Mehr sagt er nicht.

Und ich, ich weiß nicht weiter. Die Vorstellung, was ein Arzt im Gefängnis möglicherweise auch tun muss – obwohl, könnte nicht alles auch ganz anders sein?

Deine Vorstellungen, die auf keinem sicheren Wissen beruhen, nur auf Verdacht.

Trotzdem, mir ist, dass ich jetzt gehen sollte. Aber ich bleibe sitzen und frage: Wo, in welchem Gefängnis?

Er zögert, wieder dieser Blick, dann nennt er den Namen des Gefängnisses.

War nicht auch Nâzım Hikmet dort einmal eingesperrt, vor Jahren, Jahrzehnten?

Ja, wohl ja, auch Nâzım.

Andererseits: einer, der liest, und was er liest!

Aber was heißt das schon, wer was liest!

Er, neben dem ich noch immer sitze, sagt: In der Türkei gibt es keine Zukunft.

Ich frage nicht, wie er es meine.

Wenn er könnte, würde er nach Europa auswandern.

Nein, ich will nicht wieder vergeblich anreden gegen den Unglauben, dass es dort wirklich und wahrhaftig ganz anders ist, als sie alle hier zu wissen meinen.

Als Arzt könne er in Europa nicht arbeiten, weil das türkische Examen nicht anerkannt werde.

Gibt es denn hier für Sie auch als Arzt keine Zukunft?, frage ich nun doch; obwohl mich eigentlich mehr interessiert, wie ich hier anständig wegkomme.

Ja, als Arzt habe er sein Auskommen, aber die türkische Gesellschaft, wo die heute hindrifte –

Nun wird er mir mit pantürkisch-nationalistischen Ideen kommen wollen oder mit dem gottgefälligen Leben auf Erden; andererseits: was er liest –

Nämlich, der Sozialismus ist nicht tot. Er ist nicht untergegangen mit der Sowjetunion, im Gegenteil, die Idee des Sozialismus tritt heute klarer und deutlicher hervor, dank des offenbar gewordenen Missbrauchs, der damit getrieben wurde. Und während er sich weiter über die reine, pure sozialistische Idee ausbreitet, die es in ihrer wahren Gestalt wieder hervorzuholen gelte aus dem Geschichtsschutt der vergangenen Jahrzehnte, beginnen seine Augen zu leuchten. Diese wunderbare Idee, er sei ganz sicher, eines Tages werde doch sie es sein, diese fälschlich Verkannte, die als einzige tauge, die Gesellschaft der Zukunft menschenwürdig zu ermöglichen. Und als ob er ein Bekenntnis ablege, erzählt er mir, dass er gemeinsam mit Freunden daran arbeite, in einem geheimen Zirkel.

Wie sehr er mir vertraut! Ja, sage ich, die Idee an sich, auch ich hielt sie lange für die einzig mögliche, und auch heute noch finde ich sie bestechend – wenn nur der Mensch nicht wär, wie er ist!

Sein fragender Blick – ich schaue weg; was seine Augen tagtäglich vielleicht sehen und seine Ohren hören, was seine Hände möglicherweise tun und wie sein Herz und sein Kopf damit klarkommen, ich werde die Frage nicht los. Ich will nicht unhöflich sein, sage ich und wische mir die Sesamkringel-Krümel vom Kleid, ich muss jetzt leider gehen!

Vielleicht können wir uns ein anderes Mal weiterunterhalten, sagt er, greift in sein Jackett und reicht mir seine Karte, vielleicht kommen Sie ja mal rüber nach Üsküdar.

Ja, wer weiß; Üsküdar ist wirklich schön, besonders die kleine Moschee unten am Wasser, die liebe ich, und von dort den Blick hinüber nach Stambul, wenn die Sonne untergeht – fantastisch!

Er lächelt.

Ich lächle zurück, greife unter der Bank nach der leeren Cola-Dose, stehe auf und nicke ihm zu. Dann endlich gehe ich. Und werfe im Foyer vor der Sicherheitsschranke – erleichtert, beschämt, verwirrt – seine Karte mit der Dose zusammen in den Abfalleimer, ungelesen; und stürze mich zurück ins Buchmesse-Getümmel.

BROT UND WASSER

Jetzt ist es wieder so weit: Vor den Brunnen stehen sie wieder Schlange!

Jedes Jahr im Sommer die Wasserknappheit! Obwohl Wasser nicht eigentlich knapp ist in diesem Land. Aber die Städte wachsen so rasant, Istanbul vor allem, dass sie nicht hinterherkommen mit den Wasserleitungen und mit der Erschließung weiterer Quellen und Seen und dem Bau neuer Wasserreservoirs.

Aber noch fließt Wasser an den Brunnen. Nur für die höher gelegenen Häuser reicht der Wasserdruck nicht mehr, und schon gar nicht bis in die oberen Etagen. Wasserpumpen, höre ich, gibt es keineswegs in allen Häusern, und Wassertanks haben nur die, die es sich leisten können. Die vielen anderen, die von der Hand in den Mund leben, holen das Wasser an den Brunnen; meistens gegen Abend gehen sie hin und stehen geduldig mit ihren Plastikkanistern, bis sie an der Reihe sind.

Gestern in gleißender Mittagssonne an einem Brunnen einer, der sein Auto wusch. Schaumiges Wasser, das einfach so die Straße hinabrinnt und rinnt und rinnt und unten an der Kreuzung zur Pfütze wird – als ob es das Selbstverständlichste wäre, Wasser im Überfluss in dieser Sommerzeit! Ich schaute mich um, ob niemand sonst sich wunderte über den üppigen Wasserverbrauch. Nein, niemand drehte sich nach dem Autowäscher um, der in aller Ruhe weiter sein Auto wusch und wusch und wusch.

Wenn schon mal Wasser fließt, sollst du nicht damit sparen, sondern es nehmen und brauchen und genießen! In Hakkâri war es, im äußersten Osten des Landes, bei Freunden von Freunden zu Besuch, als abends endlich wieder Wasser floss und ich als Gast die Erste war, die in den Genuss des Duschens kam. Natürlich beeilte ich mich, alle anderen wollten ja auch noch duschen, solange das Wasser noch floss.

Warum nur so kurz! Ich wurde zurück ins Bad geschickt: Lass dir Zeit, und nimm Wasser, so viel du magst! Wer weiß, wann du wieder Gelegenheit dazu hast!

Geduldig stehen sie vor den Brunnen und warten, bis sie dran sind, ihre Kanister zu füllen – mit Wasser, das noch nicht einmal mehr trinkbar sein soll, so stark gechlort wie es ist. Viele, obwohl davor gewarnt wird, trinken es doch.

Ja, Trinkwasser in Flaschen ist auch eine Frage des Geldes.

Ebenso ist es mit dem Brot: Seit der Brotpreis wieder gestiegen ist, stehen sie auch vor den *halk ekmek*-Buden wieder an fürs Brot.

Immer vor Wahlen, hörte ich, werden die Preise fürs Lebensnotwendige eingefroren, Zucker, Salz, Öl, Benzin, Zigaretten und eben das Brot, und schnellen danach umso rasanter nach oben. Warum es so ist – ich versteh es nicht.

So ist es, wird mir gesagt, alle machen es so, egal wer an der Macht ist oder die Macht übernimmt.

Und so stehen sie nun fürs Volksbrot wieder an und warten, bis das frische Brot geliefert wird, das, staatlich subventioniert, um ein paar Lira billiger ist.

Dieses Hinnehmen der Widrigkeiten, diese Ergebenheit, und ohne dass sie ihre Würde dabei verlieren und ihren Stolz!

Langsam, sehr langsam fange ich an zu begreifen, dass mir nichts anderes übrig bleibt, als es ebenfalls einfach hinzunehmen, dass es so ist, wie es ist.

WÄSCHE

In einem der Teegärten hinter dem Taksim Platz sitze ich unter hohen Bäumen und trinke Tee. Schwül ist es heute, kaum auszuhalten, aber von Westen her türmen sich Wolken auf, schieben sich in- und übereinander in den mit milchweißen Schlieren überzogenen Nachmittagshimmel.

Wind fährt böig in Baumkronen, wirbelt Staub auf und lässt Zeitungen fliegen. Kellner laufen zwischen den Tischen, sammeln Decken ein und kassieren bei denen, die noch sitzen und Tee trinken.

Jetzt ein heftiger Windstoß, heiß und staubig, dann ein Blitz, und fast zeitgleich krachen Donnerschläge. Erste Regentropfen platschen auf die Tische. Im Nu ist der Park menschenleer. Und in den Bäumen fast schlagartig ein gewaltiges Rauschen – der Regen!

Über den Platz rennen Menschen. Auch ich renne; irgendwo drüben will ich mich unterstellen. Schon spritzen Autos Fontänen, und die steile Gasse hinab schießen bereits Sturzbäche. Es schüttet wirklich wie aus Kübeln! Istanbul wäscht sich! Es ist zum Lachen. Auch ich bin bereits bis auf die Haut nass.

Drüben stelle ich mich unter ein Vordach zwischen die vielen, die ebenfalls unterstehen und warten, dass der Regen aufhört. Das Prasseln des Regens auf dem Blech, und Worte,

Sätze, Sprüche, auch politisch angehauchte; verhalten wird gelacht. Bald wird der Himmel wieder aufreißen; bekanntlich dauern derartige Gewittergüsse nie lange, die zufällige Nähe also nur kurz; dann wird alles wieder sein, als ob nie etwas gewesen wäre.

Kaum dass der Regen etwas nachlässt, lösen sich aus den Dichtgedrängten Erste heraus und springen, die Schultern einziehend, ihre Aktentaschen über dem Kopf, weiter. Immer mehr drängen hinaus. Auch ich will weiter und laufe los; stelle mich aber, da es mir doch noch zu sehr regnet, bei der nächsten Passage wieder unter; und sehe: Drüben auf der anderen Straßenseite steht die Engländerin. Sie ist also auch noch in Istanbul! Lange habe ich sie nicht mehr gesehen.

Letztes Jahr im Sommer, vor der Galatasaray Post, sprach sie mich an: Darf ich Sie um einen Gefallen bitten? Ich bin nämlich in eine missliche Lage geraten, mein Portemonnaie ist weg; könnten Sie mir vielleicht aushelfen mit ein bisschen Geld? Ihr klassisches Englisch fiel mir auf damals. Sie selbst fand ich nicht besonders, aschblondes, offenes Haar, unscheinbares Gesicht, schlank. Aber ich sah, sie sprach alle an, die nach Geld oder Mitleid aussahen. Touristin in Schwierigkeiten, dachte ich, und dass ich an ihrer Stelle wahrscheinlich ähnlich ausgewählt hätte, wen anzusprechen möglich sei. Jedenfalls überlegte ich mir nichts weiter und gab, was ich meinte, ihr schuldig zu sein, ihr, einer Frau, und auch sie nicht ursprünglich von hier.

Wenige Tage später sah ich sie wieder, und wieder sprach sie auch mich an, wieder mit demselben gepflegten Spruch. Eine Masche also! Ich sagte nur: *You are still here?* Und fragte mich, als ich weiterging: Warum eigentlich gab ich ihr kein zweites Mal? Zu ihr zurück aber ging ich nicht.

Im Winter dann sah ich sie noch einmal. Heruntergekommen sah sie aus und erschreckend dünn, und sie ging, gezwängt in irgendeinen Mantel, der offensichtlich schon anderen gehört hatte, mit schnellen Schritten durch die Istiklâl Caddesi. Aber sie schien ein Ziel zu haben, ich dachte, irgendwo gehört sie wohl hin; eine der vielen eben, die in Istanbul hängen geblieben sind. Wie sie sich durchschlug und wo sie nächtigte, wollte ich mir nicht vorstellen.

Nun also steht sie dort drüben unter der Markise. Kein Zweifel, sie ist es. Ich sehe sie genau. Sie steht ganz vorn und schaut dem rechts und links von der Markise ablaufenden Regenwasser zu. Aber verändert sieht sie aus. So wie sie steht und schaut, versunken ins Betrachten des rinnenden Wassers, als ob sie alleine dort unter der Markise stünde, als ob die um sie herum nicht vorhanden wären. Abwesend wirkt sie, ihr Blick beinah irr. Andererseits, so wie sie dem Wasser zuschaut, abwesend ist sie nicht, sondern ganz aufs rinnende Wasser konzentriert.

Jetzt tritt sie einen Schritt vor und stellt sich direkt unters Wasser! Augen zu und Kopf in den Nacken gelegt, lässt sie es sich über Gesicht und Haar und Brust laufen. Als ob sie unter einer Dusche stünde, allein; sie scheint es zu genießen. Alle um sie herum schauen ihr zu, niemand sagt etwas.

Plötzlich, wie erwacht aus einem Traum, öffnet sie die Augen, rafft ihren Rock energisch hoch und zieht ihre Unterhose, die kein Slip ist, am Gummiband nach außen, so dass der Wasserstrahl direkt hineinfällt.

Elle se lave la chatte!, sagt neben mir einer. Und von mehreren Seiten ist unterdrücktes Lachen zu hören; ich sehe peinlich berührte Blicke um mich herum, andere schauen weg. Weiter geschieht nichts. Niemand greift ein. Auch ich tue nichts; sondern gehe wie alle anderen, als der Regen fast so schlagartig aufhört, wie er eingesetzt hat, meiner Wege.

Und wechsle zu Hause die pitschnassen Kleider, setze Wasser auf für Tee und sehe, das Gewitter ist weitergezogen. Nur über dem anatolischen Ufer hängt noch eine drohend violettbraune Wolkenwand, und fernes Donnergrummeln ist zu hören von dort.

Ich öffne das Fenster: Die Luft ist klar, es riecht nach Grün, die Zinkblechdächer auf den Kuppeln glänzen, Tauben gurren, und von der großen alten Platane tropft es hörbar; sie wirkt erfrischt. Die Sonne scheint wieder, und auf den Straßen gehen wieder Menschen; sie gehen um die Pfützen herum oder springen darüber, und draußen auf dem Wasser sind wieder die glitzernden Glanzflächen.

Strahlend schön liegt sie wieder da, die Stadt der Städte, unverwüstlich, ewigjung – frisch gewaschen.

NEBEL

Eins der letzten Schiffe wohl, die heute Nacht noch rüberfahren – hoffentlich ist es eines mit Radar! Ob überhaupt noch Schiffe hinüberfahren heute Nacht, bei dem Nebel, war allerdings die Frage.

Manchmal bei Nebel wird der Betrieb eingestellt, und die Abertausend, die täglich hin- und herpendeln zwischen asiatischem und europäischem Ufer, müssen den weiten Weg über die Brücke nehmen.

Zu sehen ist absolut nichts, nicht eines der vielen tausend Lichter der Stadt. Nur Nebel, dicht wie eine Wand, oder wie Watte so stumpf. Oder eben Nebel wie Nebel sein kann manchmal im Herbst.

Das Rauschen des Wassers ums fahrende Schiff herum – aber durch die Fensterscheiben, du kannst wischen, so viel du willst, ist kein Hauch von einer Bugwelle zu sehen.

Und plötzlich die Vorstellung: Durch den Nebel brechend, dicht vor deiner Nase eine der haushohen Schiffswände –

Auch ohne Nebel sind, wenn du im kleinen Boot sitzt, diese Tanker- oder Container-Giganten ungeheuer.

Und die Stille im Boot heute Nacht!

Auch sonst, ohne Nebel, ist es nachts ruhig im Boot, und auch bei Tag ist es nicht so, dass auf der kurzen Überfahrt viel geredet wird; nur eben dass sonst alle, von irgendwoher irgendwohin unterwegs, ihren eigenen Gedanken nachhängen.

Heute Nacht aber, als ob hinter dem Nebel die Millionenstadt mit ihren vielfachen Bezügen versunken, als ob uns kein Ufer je mehr beschieden sei, steht diese Stille zwischen uns. Eine Stille, die uns, je länger das Rauschen des Wassers ums Boot herum und das Gebrumm des Motors andauern, zusammenschließt. Draußen ist nichts. Nur wir hier drin, im Boot, im fahlen Neonlicht. Die Anspannung in den Gesichtern, lauschend nach draußen, tastend mit dem Gehör nach Halt, da die sichtbare Welt sich so völlig entzieht.

Wo eigentlich fahren wir hin, bis zum Schwarzen Meer noch oder etwa bis zur Krim?, sagt einer in die angespannte Stille hinein.

Verhalten wird gelacht hier und dort.

Und als, aus der Nebelwand herausbrechend, die Anlegestelle von Beşiktaş schemenhaft auftaucht, ist allseits erleichtertes Aufatmen zu hören. Der Ruck dann beim Anstoßen an die Quaimauer; und schon springen die ersten der auf der nächtlichen Überfahrt Vereinten an Land – und auseinander.

KOHLE

Das scheuernd schleppende Geräusch einer über Asphalt geschleiften Plastikplane – die Straßenfegerkinder! Zu mehreren ziehen sie, Müll sammelnd, durch die Straßen; und hinter sich her die große, schwere Plane, je zwei Ecken zusammengebunden mit Seilen, die über ihre Kinderstirnen gespannt sind; das schürfende Geschleife und das Rumpeln und Scheppern von Dosen und allem sonst, was die Straße hergibt.

Plötzlich ist es still – haben die Kinder zwischen all dem Müll etwas gefunden, eine Uhr vielleicht oder Geld oder ein Armband oder ein Feuerzeug, und stehen nun und begutachten es?

Spaltbreit goldenes Licht trifft mich, und Stimmen und Reden –

Ich bin ja in Istanbul!

Endlich gelingt mir doch, mich aus dem letzten Rest Schlaf herauszureißen. Ich springe aus dem Bett und ans Fenster: Das also war's!

Auf der Straße haben sie Kohle abgeladen – noch steht der Laster mit gekippter Ladefläche, und um den Kohlehaufen herum, der die Straße ganz versperrt, sind Männer mit Schaufeln und Hacken und eine Frau mit einem Besen –;

gleich werden sie anfangen, die graubraunschwarzen Brocken zu zerkleinern und in den Keller zu schütten.

Aber im Traum die Kinder?

Noch sehe ich sie vor mir, während ich zuschaue, wie unten die Kohle zerkleinert wird. Und plötzlich ist mir, als ob ich keinen weiteren Winter hier in der Stadt bleiben könne.

WINTERLINGE (FÜR SAIT FAIK)

Nein danke, ich möchte keinen Tee!, sage ich dem Mann mit dem Tablett voller Gläser mit Tee.

Eine wunderbare Sitte, dachte ich anfangs, wo immer du hinfährst, immer kannst du Tee trinken, selbst auf dem Schiff. Und trank, wo immer ich hinfuhr, Tee. Bis die Bitterkeit des Tees auf den Schiffen mir schließlich die Lust am Teetrinken auf Schiffen vergällte; also seit ich hier heimisch bin.

Dass ich hier heimisch bin, kann der Mann mit dem Tee mir nicht ansehen. Er sieht in mir die Frau aus Europa und bietet mir, wenn er vorbeigeht mit seinem Tablett voller Teegläser und mit seinem Ruf *Frischer Tee, frisch, frisch!*, jedes Mal neu an: Die Dame, ein Tee gefällig? Mein Nichtreagieren ist ihm nicht, wie von allen anderen, Antwort genug.

Das erste Mal, als ich nach Burgaz Ada fuhr, war ein Tag wie heute. Wie heute hatte der Lodos über Nacht die Winterwolkendecke aufgerissen, so dass am Morgen mein Geliebter sagte: Lass uns zu den Inseln fahren, auf den Inseln ist es an einem Tag wie heute wunderbar frühlingshaft! Also fuhren wir hin, und ich sah, hinter Mauern in Gärten blühten schon die Mandelbäume. Auch im Garten jenes weißen Holzhauses mit dem rot gestrichenen Balkon stand ein Bäumchen, zart und weiß blühend. Wir läuteten an der Tür, fragten, ob wir ins Haus einen Blick werfen dürften. Dürften wir, sagte die alte Frau in der Tür. Und stand dann und schaute uns zu, während wir, scheu und neugierig zugleich, uns umsahen und staunten, dass alles im Haus war, als ob er, der hier gelebt, geliebt und geschrieben hatte, erst gestern weggegangen wäre! Am Haken im Flur noch seine Fischer-Kleidung, der Südwester, die Stiefel und ein Kescher in der Ecke und auf der Garderobe der berühmte Strohhut. Als ob es nicht anders sein könnte, sagte mein Geliebter, und doch, dass es so ist!

In einem der Zimmer der kleine Tisch – daran hat er gesessen und geschrieben und hinausgeschaut aufs Meer! In einem anderen das schmale Eisenbett, auf dem Nachttisch die fünf, sechs broschierten Bücher, eines nicht bis zur letzten Seite aufgeschnitten, französische Bücher, ich meine, Baudelaire war dabei; was noch? Das Entzücken meines Geliebten, dass er, der einstmals hier im Bett lag und las, dieselben Autoren liebte wie er.

Nichts deutet darauf hin, sagten wir, dass schon vierzig Jahre vergangen sind seit seinem Tod! Ja, sagte die alte Frau, sie sorge dafür, dass das Haus nicht verkomme. Aber nur sehr selten schaue jemand herein, manchmal blieben zwar welche draußen am Gartentor stehen, als ob sie wüssten, wer hier gelebt hat; die meisten jedoch gehen vorüber, sie scheinen vom Meister nichts zu wissen.

Ob sie selbst ihn noch gekannt hat? Sie wird noch Kind gewesen sein damals und wohl nicht weiter geachtet haben auf ihn, der sein Leben hier lebte; sie lebte ihres. Vielleicht erinnert sie sich an ihn, wie er durch den Ort ging und mit den Leuten sprach, oder dass er mit den Fischern aufs Meer hinausfuhr. Obwohl er nicht ursprünglich von der Insel war und sicher kein Leben führte wie die meisten hier und auch öfter verreiste, gehörte er dazu; er war einer von ihnen. Ein freundlicher, liebenswerter, wenn auch vielleicht etwas linkischer Kompatriot, so wird berichtet, den sie alle sehr schätzten.

Bis zu jenem Tag, als wir das erste Mal zur Insel fuhren, hatte ich nichts von ihm gelesen. Wie kann das sein, sagte mein Geliebter, da er doch einer der Größten ist! Unterwegs dann im Ort erzählte er mir von ihm, der hier gelebt und geschrieben hatte.

Damals, als er hier lebte und schrieb, lebten noch viele Griechen hier auf der Insel, sagte mein Geliebter, als wir bei der griechischen Kirche vorbeikamen, die verriegelt und verrammelt war, und wir uns fragten, ob sie heute noch je betreten werde. Und während wir zwischen Häusern und Gärten hinaufstiegen, dann über Wiesen und durch lockeren Pinienwald bis zur höchsten Erhebung der Insel, erzählte mein Geliebter von den Geschichten des Meisters, die von nichts erzählen als vom kleinen Leben der kleinen Leute, von Fischern und Friseuren, Töchtern und Frauen, Türken und Griechen, Verrückten und Lügnern, Aufschneidern und Träumern, Armeniern und Bulgaren, Trägern und Fuhrleuten, Zu- und Weggezogenen; und dass viele der Geschichten auf der Insel spielen, und in viele hineinspielt das Meer, das Leben mit dem Meer, jahrein, jahraus. Das ist, glaube ich, was meinen Geliebten mit ihm, dem Meister, so sehr verbindet: die unermessliche Liebe zum Meer.

Ein anderes Mal fuhren wir nach Burgaz Ada, um oben auf der Anhöhe die Winterlinge einzupflanzen, die ich aus Deutschland mitgebracht hatte; es muss also wieder im Frühling gewesen sein, ein Jahr später, wieder an einem jener vom Lodos geschenkten frühen Frühlingstage. Auf der höchsten Erhebung der Insel, wo der Blick frei nach Südsüdwest übers Marmara Meer geht und die Halbinsel von Yalova an einem Tag wie heute fast greifbar nah erscheint, dort wo die Pinien, vom Westwind landwärts gedrückt, schief an der Kante stehen, wo über dem Steilhang die Möwen im Aufwind kreischend tanzen und unten die Wellen an die Felsen schlagen, dort zwischen Zistrosen und Salbeigestrüpp, wo wir, mein Geliebter und ich, im trocken raschelnden, von der Frühjahrsonne erwärmten Laub vom Vorjahr uns liebten, etwas hektisch zwar aus nicht ganz wegzuliebender Angst vor möglichen Vorbeikommenden, die uns sähen, halbnackt und winterweiß im gleißenden Frühlingslicht, dort oben, an einem Tag wie heute, kratzten wir mit Taschenmessern unter Büschen die Erde auf, Pflanzlöcher für die Winterlinge – in der Hoffnung, sie breiteten sich aus mit den Jahren, ein goldgelber Blütenteppich wüchse den Hügel hinab, Hommage an den großen Meister.

Abends dann, nach getaner Pflanzarbeit, saßen wir unten am Hafen, tranken Tee und schauten den Fischern zu, die in ihren Booten hantierten, und den alten Männern, die am Quai auf und ab gingen, plaudernd, auf dem Rücken das *tespih* durch die Finger spielend; während der Abendhimmel rot und röter wurde, dann violett und schließlich ganz erlosch und auf der Landungsbrücke die Neonleuchten ihr fahlweißes Licht auszubreiten begannen und die Kühle vom Wasser heraufstieg. Wir zogen die Reißverschlüsse zu, stellten die Kragen hoch und rückten unters Vordach und warteten aufs letzte Schiff zurück nach Istanbul.

Wie oft ich auf Burgaz Ada war, weiß ich nicht genau. Oft im Frühling, manchmal im Sommer, nie im Winter. Wie im Winter der Poyraz von Nordosten in den Ort hereinbläst und die Türen krachend zutritt, wie die Fenster in den Cafés und

Friseursalons beschlagen, trübweiß wie Raki mit Wasser, weiß ich nur von ihm, der hier lebte und schrieb.

Kınalı Ada, die erste der Inseln, ist schon so nah, dass vor den Sommerhäusern die Menschen zu erkennen sind und in allen Details die Masten der Militärstation oben auf dem kahlen, rötlichen Fels, die bei klarem Wetter auch von Istanbul aus zu sehen sind.

Die nächste Insel ist Burgaz Ada, die dritte Heybeli Ada, dann kommt Büyük Ada. Auch Büyük Ada ist sehr schön. Die liebste ist mir aber doch Burgaz.

Auf Burgaz Ada soll es im vorigen Sommer gebrannt haben. Große Teile des Pinienwaldes, hörte ich, seien zerstört. Ganz oben bin ich seit damals nie mehr gewesen. Und was aus den Winterlingen wurde, weiß ich nicht. Heute werde ich hinaufgehen und nachsehen.

Der Mann mit dem Tee kommt wieder vorbei, wir wechseln einen Blick – nun hat er mich doch verstanden und geht weiter mit seinem: *Frischer Tee, frisch, frisch!*

MEINE SOLDATEN

Es war einmal ein Padişah mit Namen Selim, der ließ in seiner Stadt Istanbul eine Kanonenkugelgießerei bauen, und als die Kanonenkugelgießerei fertig gebaut war, hieß er seine Soldaten sie bewachen, Tag und Nacht, sommers und winters, immerzu.

Seither stehen sie nun, die wackeren Wachsoldaten, seit hundertneunzig Jahren genau, und halten Wache bei Tophane; an jedem Tor einer, einer auf der Terrasse und an der Gittertür in der Mauer auch einer; sie stehen nicht stramm, aber sie halten Wacht. Immer sind sie da, fast immer mit Knarre im Arm; manchmal lösen sie sich ab, sie müssen ja auch mal essen und schlafen.

Die ganzen langen Stunden, während sie Wache halten, was tun sie? Sie fegen das Laub, sah ich im Herbst, Laub, das die alte Platane auf sie und ihre Kanonenkugelgießerei herabfallen ließ, täglich neues; bis nach Neujahr hatten sie reichlich zu tun damit.

Im Winter treten sie von einem Fuß auf den anderen und strecken ihre Nasen nur selten aus den Wachhäuschen heraus; im Frühjahr lassen sie sich die Sonne auf ihren geschorenen Pelz scheinen; und im Sommer dösen sie im Schatten der großen alten Platane vor sich hin; und im Herbst, wie gesagt, fegen sie Laub, bis in den Winter hinein.

Von meinem Fenster aus sehe ich sie; ihre kahlen Köpfe und ihre braunen Uniformschultern. Sie sehen mich nicht. Vielleicht sieht der eine oder andere mein erleuchtetes Fenster in der Nacht, eines unter vielen. Mich kennen sie nicht, aber ich kenne sie; nicht einzeln, ich weiß nur, sie sind da, immerzu, meine wackeren Wachsoldaten.

Sie schauen, während sie Wache halten, auf die Straßen voller Menschen und Autos, übers Goldene Horn nach Stambul mit all seinen Kuppeln und Minaretten, auf den Bosporus und das Marmara Meer voller Schiffe, kommende und gehende, Frachter und Tanker und Luxusliner, Lotsen- und Schlepper- und Fischerboote und die her und hin kreuzenden Dampfer; und sicher träumen sie auch, während sie schauen und wachen.

Große und kleine, dunkel- und helläugige Wachsoldaten, wo überall mögt ihr her sein, aus welchen Familien, aus welchen Dörfern, Städten, Provinzen Anatoliens, welche Geschichten habt ihr mitgebracht, welche stehen euch noch bevor?

Eins haben sie alle gemeinsam: Kommt ein Rock die steile Straße herauf oder geht ein Rock die steile Straße hinab, lassen sie ihr Schauen und Träumen und den Besen beim Laubfegen fallen und laufen zum Gitter in der Mauer und blicken durch die Stäbe, stumm, mit großen, hungrigen Bärenaugen. Einmal spätabends, als ich an Tophane vorbei nach Hause ging, wagte einer durch die Gitterstäbe hindurch ein scheues *iyi akşamlar.*

Selim, jener Padişah, ist natürlich längst gestorben, und auch Kanonenkugeln werden in Tophane schon lange keine mehr gegossen; und plötzlich eines Tages in diesem Sommer waren auch die Soldaten verschwunden.

Inzwischen ist wieder Herbst. Die alte Platane steht noch immer; und wieder lässt sie ihre Blätter tanzen in Wind und Regen und herabfallen aufs vielkupplige Dach der Kanonenkugelgießerei. Und auf die vereinsamte Terrasse, die bereits mit Gras überwachsen ist, auf die sperrangelweit offenen Wachthäuschen und die umgekippten Barrikaden aus Blechkanistern, auf den herausgestürzten Sand, rot schon vom Rost. Täglich fallen neue Blätter herab. Immer mehr. Niemand fegt sie mehr zusammen. Meine Wachsoldaten bleiben verschwunden.

Nur ich bin noch da.

MEIN 10. NOVEMBER

Wie fast jeden Tag stehe ich früh auf, gehe ans Fenster und schaue aufs Wasser, den Himmel und wie das Wetter wohl wird heute und ob die Prinzeninseln zu sehen sind – was sie heute nicht sind. Auch sind die kleinen Fischerboote, seh ich, heute nicht vor Sarayburnu, sondern weiter links, bosporusaufwärts; was an der Strömung liegen mag und wie die Fische darin sich tummeln.

Die Dächer und Türme und Kamine vom Sultanspalast und die Kuppeln und Minarette von Aya Sofya und Sultan Ahmet stehen grau in grau heute, und die Hügel hinter Üsküdar verschwimmen in trüben Nieselregenschleiern. Von den Straßen herauf wie immer das Verkehrsbrausen, und manchmal das Tuten von Schiffen, die vom Marmara Meer hereindrehen ins Goldene Horn.

Ich setze Teewasser auf, wie jeden Morgen, und stelle, da es kühler geworden ist, die Heizung hoch und setze mich an den Schreibtisch mit dem ersten Glas Tee, dem köstlichsten am Tag – alles wie immer.

Und plötzlich das jaulende Sirenengeheul, über der ganzen Stadt.

Was ist passiert?, sprang ich an meinem ersten 10. November ans Fenster, ob eine Rauchfahne oder sonst etwas zu sehen sei. Nichts war zu sehen; nur Möwen in Scharen, die, aufgescheucht vom durchdringenden Sirenengeheul, kreischend hinauszogen und sich weit draußen aufs Wasser niederließen.

Warum die Sirenen? Und warum dieser Dauerton? Ich lief ins andere Zimmer, schaute von dort auf die Straße – sämtliche Autos standen still, regungslos auch die Menschen. Nur die Blätter tanzend von der großen Platane, herab auf Tophane, die Straße, die Autos, die Menschen.

Als ob ein Zauber sich auf die Stadt gelegt habe!

Oder ein Unglück, vielleicht eine Katastrophe über die Stadt hereingebrochen, Ausnahmezustand, die Regierung gestürzt?

Am Radio: feierlich ernste Musik auf allen Sendern und würdige Stimmen, die von Republik sprachen und Demokratie und Türkei und Atatürk.

Ob sie die neuen Machthaber sind, fragte ich mich, die ihren Staatsstreich, ihren Putsch, ihren Machtanspruch zu legitimieren trachten, indem sie sich auf Atatürk berufen.

Hier weiß das jedes Kind! Dumm nur, dass ich dich nicht vorgewarnt habe! Von klein auf haben wir's in Kopf und Herz, schon mit der Muttermilch saugen wir's ein, sagte mittags meine Türkischlehrerin, als wir uns trafen. Jedes Jahr an diesem Tag um fünf nach neun bleiben wir schweigend stehen, alle tun wir das, in der ganzen Türkei, Jahr für Jahr. Drei Minuten lang stehen wir still und gedenken Atatürks an diesem seinem Todestag.

Längst schon braust wieder der Verkehr, und das Gerenne und Geschleppe geht straßauf und straßab weiter seinen Gang.

MEIN GRANATAPFELBAUM

Immer wieder diese Wehmut angesichts von Granatapfelbäumen, insbesondere wenn sie blühen! *Narçiçeğim*, sagte mein Geliebter, als er noch mein Geliebter war, dein Haar, deine Haut, dein Gesicht sind so rot, wenn du dich freust, granatrot, wenn du lachst oder schreist vor Lust.

Granatapfelbäume sind selten in Istanbul, dachte ich anfangs, und dass es auch sonst keine besonders grüne Stadt sei. Aber seit ich mich hier ein bisschen auskenne, weiß ich, wo Höfe mit Bäumen sind und wo große und kleine Parks, schattige und offene, mit Teehäusern und Picknickplätzen, und dass auch Granatapfelbäume darin stehen, mehr als vermutet.

»Mein« Granatapfelbaum steht unterhalb von Kabataş am Bosporus, im kleinen Park bei der Molla Çelebi Moschee. Er steht neben jener Bank, wo wir zusammen saßen, mein Geliebter und ich, damals, als wir noch versuchten, außer Liebe auch Türkisch zu machen. »Unser« Granatapfelbaum müsste er eigentlich heißen, obwohl: Angeeignet habe ich ihn mir erst, als von Liebe nicht mehr die Rede war zwischen meinem Geliebten und mir.

Soweit wir Sprache zur Verständigung brauchten, sprachen wir miteinander Französisch – als Sprache der Liebe sehr viel weniger geeignet als Türkisch mit seinen ich weiß nicht wie vielen Liebeswörtern. Türkisch lernte ich von meinem Geliebten nicht nach Lehrbuch, sondern indem wir zusammen Gedichte lasen, oft auf jener Bank neben dem kleinen Granatapfelbaum; aber oft machte mich wild, dass ich ihm nicht folgen konnte, selbst wenn er sie mir Zeile für Zeile auseinanderpflückte. Dass er nicht verstand, wie schwer meinem Kopf und meiner Zunge fällt, was meinem Ohr und meinem Herz so sehr gefällt!

Wozu eigentlich willst du Türkisch lernen?

Um dich besser lieben zu können!

Narçiçeğim –

Ende Mai fangen die Granatapfelbäume an zu blühen: zartblättrige, duftlose, feuerrote Blüten sitzen in wachsglänzendroten Kelchen, die den Sommer über anschwellen zur Frucht und im Herbst vor lauter Fülle manchmal sogar platzen. Inzwischen weiß ich auch, dass es groß- und kleinfruchtige Sorten gibt, süße und saure und mehr oder weniger rote.

Wer einen Granatapfel aufbrechen und essen kann, ohne dass ein einziges Granat zur Erde fällt, kommt ins Paradies, sagte mein Geliebter, als er noch mein Geliebter war und wir zusammen noch Granatäpfel aßen. Aber ein Paradies gibt es nicht, es sei denn auf Erden mit dir!, sagte er dann und lachte sein herrliches Lachen, dass seine weißen Zähne nur so blitzten und seine dunklen Locken tanzten.

Noch ist nicht Mai, und mein kleiner Granatapfelbaum neben der Bank blüht noch nicht. Aber am gegenüberliegenden Bosporus-Ufer, sehe ich, blühen schon Ginster und Judasbaum, leuchtend gelb und violett. Frühling in Istanbul – auch wenn es heute wieder kühl ist und Regenböen vom Marmara Meer herüberziehen. Ich spanne den Schirm auf und kehre um; mein Spaziergang zwecks Lüften nach langem Sitzen am

Schreibtisch endet hier bei der Molla Çelebi Moschee; oder eigentlich: bei meinem kleinen Granatapfelbaum, der schon wieder voller hellgrüner Blätter ist. Seine Blüten werde ich noch sehen, aber wenn er Früchte trägt, bin ich nicht mehr hier. Wieder diese Wehmut.

Ich laufe schneller. Und im Laufen: Ob ich über ihn, der mich *Granatapfelblüte* nannte, jemals schreiben würde? Wohl doch eher nicht.

UNGEHEURE VERÄNDERUNGEN SEIT DAMALS

Heute, fast auf den Tag genau, sind seit der Eroberung von Istanbul 557 Jahre und ein halbes vergangen. Und bereits vierzehn bis sechzehn Millionen Menschen leben dort, so die Schätzung. 1949, als Ingrid zusammen mit Ali per Schiff nach Istanbul kam, sollen es knapp eine Million gewesen sein.

Entsprechend hat der Verkehr zugenommen. Zu meiner Zeit, in den 90er Jahren, war Autofahren noch Mitschwimmen im mitreißenden Verkehrsfluss, schlimm nur, wenn du dich dagegenzustemmen versuchtest. Heute geht oft gar nichts mehr.

Ein Lichtblick immerhin: Wenn es windstill ist, legt sich kein dicker, gelbbrauner Smog mehr auf die Stadt, da inzwischen sämtliche Straßen Istanbuls aufgerissen und die Leitungen fürs Erdgas in relativ kurzer Zeit verlegt waren; mag sein, dass an den wild bzw. illegal gebauten Stadträndern manche noch mit Kohle heizen. Und es ist zu befürchten, dass insbesondere dort auch die Baubestimmungen, verschärft nach dem großen Erdbeben 1999, nicht zwingend eingehalten werden. Aber die Wasser von Bosporus, Goldenem Horn und Marmara Meer sind wieder so sauber, dass mancherorts darin gebadet wird.

Als ich in Istanbul lebte, war das Goldene Horn eine stinkende Kloake, und oft war nur mit Schal vor Mund und Nase möglich, daran entlangzugehen.

Emel erzählte mir einmal, dass sie in ihrer Kindheit beim

Schwimmen im Bosporus sich von der starken Strömung hätten treiben lassen; und im Marmara Meer seien sie nach Kieseln getaucht, sagte sie. Das Wasser war so klar, dass du bis auf den Grund sehen konntest! Aber eines Tages, wenn die Türkei in der EU ist, werden die nötigen Gelder für die Sanierung fließen, so wie sie nach dem Beitritt Griechenlands für die Bucht vor Piräus geflossen sind.

Neulich, als ich Emel daran erinnerte, lachte sie: Heute sieht natürlich alles ganz anders aus, und wir können von Glück sagen, dass wir das Schlamassel unserer griechischen Nachbarn nicht mitbezahlen müssen; das Wasserproblem aber, du wirst schon sehen, das lösen wir selbst!

Wohl möglich, so viel wie inzwischen geschafft ist! Und auch für die Bosporus-Passage, bin ich mir ganz sicher, wird bald Pflicht sein, einen Lotsen an Bord zu nehmen.

Allerdings, dass diese Veränderungen es sind, die mir als erste einfallen, macht mir deutlich, wie »deutsch« ich längst wieder bin; oder eben wie lange es her ist, seit ich in Istanbul lebte.

Verkins Kommentar damals, als ich die traditionelle türkische *épillage* als die beste befand, weil schonend, hautfreundlich und außerdem gift- und abfallfrei: Die Deutschen mit ihrem Müllwahn sind schrecklich! Sie wühlen in ihrem Müll, dies hierhin, das dorthin – sogar aus dem Müll machen die eine Wissenschaft, als ob es nichts Interessanteres auf der Welt gäbe!

Trotzdem freut mich zu hören, dass in den Häusern heute das Wasser immer fließt oder fast immer – wobei ich nicht weiß, ob dies der neuen Regierung zu verdanken ist.

Mag wohl sein, dass es so ist.

So wie wir damals nicht für möglich hielten, dass sie, die Erdoğan als Oberbürgermeister gewählt hatten, eines Tages im ganzen Land, mit ihm an der Spitze, die Macht übernehmen würden.

An jenem Wahlabend im November 2002, wieder einmal war ich in Istanbul, nein, wir konnten es nicht glauben, als die ersten Hochrechnungen über den Bildschirm tanzten, dass wirklich wahr wurde, was die Prognosen zweifelsfrei vorausgesagt hatten. Lachend und verschreckt zugleich versuchten wir uns Mut zu machen: Aber das Kopftuch werden wir ganz sicher nicht tragen, davor wird uns das Militär bewahren!

Dass nun diese Regierung uns vor dem Militär bewahrt – niemals hätten wir es für möglich gehalten! Und dass wir ihnen dankbar sind, dass sie die Verschwörungskreise mit all ihren Umsturzplänen aufdecken – wenn auch noch nicht ganz klar ist, wer wirklich dahintersteckt.

Modern mahrem von Nilüfer Göle war das Buch, nach dem ich damals in der Kadın Eserleri Kütüphanesi gefragt hatte, jener von engagierten Akademikerinnen gegründeten Frauenbibliothek; ich fragte nach der deutschen Übersetzung, 1994 erschienen unter dem Titel *Republik und Islam*.

Ein Buch, das ziemlich viel Wind gemacht hatte, weil Frau Göle darin jene Gesellschaftsschichten untersucht, die mehr und mehr sich zu Wort meldeten, und deren neues Selbstverständnis so differenziert darstellt, dass deutlich wird, die alten Klischees von kopftuchtragenden Frauen als unterdrückten, ungebildeten, willenlosen Wesen sind längst überholt; und, dies vor allem, weil Frau Göle vorausschauend sah: Sie sind es, die eines Tages die neue Elite stellen werden –

The Anatolian Civilisations hatte mir einer jener alten Pionierfreunde empfohlen, nachdem ich ihm, begeistert von einer Reise quer durchs Land über Kütahya, Afyon und Akşehir bis nach Beyşehir, von der wunderbaren seldschukischen Moschee dort am See erzählt hatte.

Diese drei längst vergriffenen Bände – erschienen 1983 anlässlich einer gleichnamigen Ausstellung in Istanbul unter dem Patronat von *The Council of Europe* – hatte ich mir antiquarisch besorgen können und darin die Schönheit insbesondere der seldschukischen Malereien auf Vasen und Tellern und Fliesen bewundert, damals noch ohne genauere Vorstellung, wer eigentlich diese Seldschuken waren und woher sie kamen. Aber: Ich fragte mich nicht, wo denn die Armenier geblieben seien in diesem oft zitierten, vielgelobten Werk.

All die namhaften Historiker, Archäologen, Kunsthistoriker und auch alle Offiziellen, die für die Ausstellung verantwortlich zeichneten und Grußworte und Beiträge und Abhandlungen schrieben zu den Kulturen Anatoliens – wie konnten sie vom Palaeolithikum über Altassyrien zu den Hethitern, von den Griechen über die Römer nach Byzanz, von den Seldschuken bis in die osmanische Glanzzeit berichten, ohne eine einzige Erwähnung der armenischen Kultur und Kunstdenkmäler?

Alles, was armenisch ist, fehlt darin – als ob es Armenier nie gegeben hätte auf anatolischem Boden. Und entsprechend ist die beigefügte Türkeikarte, in der die Fundorte der prächtigen Ausstellungsstücke eingetragen sind, komplett leer im Osten; bis auf die paar wenigen Punkte, die seldschukische Bauwerke markieren.

Die Blindheit der von mir so sehr verehrten alten Pioniere hat mich erschüttert – mal abgesehen vom wahrscheinlich aus Nato-Gründen absichtsvoll zugedrückten Auge des *Council of Europe* –, aber auch und vor allem meine eigene Blindheit.

Ja, ich hatte verstehen gelernt, dass nach dem traumatischen Untergang des Osmanischen Reiches mit all den unvorstellbaren Verlusten Besinnung auf die eigenen Wurzeln im anatolischen Boden zwingend notwendig war. Wenn eine neue Türkei entstehen sollte, musste sie sich selbst neu erfinden und definieren. Nicht mehr ein Vielvölkerstaat sollte sie sein, sondern ein Staat, in dem alle Menschen unter einem einigenden Dach leben könnten.

Die Idee gefiel mir. Sie überzeugte mich.

Dass der Preis ungeheuerlich war, sah ich – noch – nicht.

Auch was Mustafa, der Landwirt und Lehrer, über die jungen Leute in den Dorf-Instituten sagte, dass viele gar kein richtiges Türkisch konnten – erst später verstand ich: Nicht ihre dörflich-rudimentäre Sprachkompetenz meinte er, sondern dass in diesem Land viele mit anderen, verschiedenen Muttersprachen aufgewachsen waren, Kurdisch, Arabisch, Tscherkessisch, Griechisch, Armenisch, Ladino, auch Aramäisch, vielleicht sogar Georgisch und wer weiß, mit welchen noch; Türkisch aber sollte in der neuen Türkei die alle verbindende Sprache sein.

Bereits im ersten Herbst in Istanbul wies mich Sezer auf die eben erschienene Sammlung *Türkische Erzähler des 20. Jahrhunderts* hin und besonders auch auf *Das Gesicht und sein Henker*, jene fantastische Geschichte aus dem *Kara Kitap* von Orhan Pamuk. Sezer sagte: Er ist einer der Besten, er kann wirklich erzählen! Und eines Tages, du wirst sehen, bekommt er den Nobelpreis! Ja, sie hatte es vorausgesehen – schade nur, dass sie heute, wie ich hörte, ganz anders über ihn spricht.

Was mir bleibt: Allah zu bitten, dass er die neuen Eliten, die nun an der Macht sind, bewahre vor der Blindheit der alten Eliten. (Und auch mich bewahre zu glauben, in Istanbul und in der Türkei wäre möglich, was nirgendwo sonst möglich ist.)

Zur alten Elite ist zu ergänzen: Akçaabat heißt der Ort westlich von Trabzon, aus dem die Familie Eyüboğlu stammt, nicht Maçka, wie ich mich wohl verhört hatte damals beim Essen mit Magdalena.

Und: Viele dieser alten Pioniere sind inzwischen gestorben.

Als Magdalena starb, 2007, rief Ingrid mich in Deutschland an: Nun sind es immer weniger, die noch da sind von uns, aber wir hatten eine gute Zeit, und wir hatten das Glück, viel Gutes tun zu können, vieles war möglich damals.

Und heute?

Heute freue ich mich an den vielen guten Erinnerungen! Das kennst du doch – *le mieux c'est l'ennemi du bien*.

Auch Ingrids Ali ist vor ein paar Jahren gestorben – Ali, der Miniaturen malte, die an Klee erinnern, und auf Schalen und Vasen und Krüge changierende Glasuren zauberte, während seine Ingrid jahrein, jahraus im Büro einer deutschen Firma das tägliche Brot für sie beide erarbeitete; Ali, der auch im Alter trotz angeschlagener Gesundheit sich seinen Charme bewahrt hatte und seinen Witz, etwas linkisch zwar, aber wohldosiert und vielschichtig wie ehedem.

Bei meinem letzten Besuch in Istanbul erfuhr ich: Auch Robert ist gestorben. Und auch Mualla lebt nicht mehr. Wie schade, dass ich sie beide doch nicht mehr besucht hatte!

Und jener weißhaarige Alte wird auch längst tot sein, der mich damals, so wie er in den glanzvollen Morgen schaute und sich die Haare aus dem Gesicht strich, lidschlagkurz an jenen anderen weißhaarigen Alten erinnert hatte, meinen Vater – dessen Tod nun schon fast zwanzig Jahre zurückliegt.

Freund Egon in Zürich sagte zum Glockenläuten in Istanbul: Glocken habe er in den 60er Jahren, als er dort lebte, nie läuten gehört. Gut möglich, dass das Läuten der Glocken in der Zeit des sich zuspitzenden Zypernkonflikts verboten wurde.

Apropos Griechen ist zu ergänzen: Anna hat geschafft, was ich nicht für möglich hielt – die »grande confusione« hat sie gelöst;

das Haus ist verkauft, vermutlich für sehr viel Geld, an einen, der in Mittelasien Geschäfte treibt; jedenfalls sagte Anna, nun sei sie alle Schulden los und die leidige Familienhaus-Geschichte auch.

Neulich zeigte ich ihr, was ich über ihre Haus-Geschichte aufgeschrieben habe – nein, sie war nicht wirklich empört, sagte aber doch: Du schreibst, als ob ich anti-türkisch sei, dabei waren wir, wie alle in Istanbul, voller Hochachtung für die Feuerwehrleute und mehr als dankbar für ihre Löscheinsätze; sehr viele Häuser waren damals ja noch aus Holz. Und außerdem, zum Löschen gab es nichts anderes als Bosporus-Wasser.

Korrigiert hat mich Anna auch insofern: So wie du schreibst, klingt es, als ob wir Griechen wären. Sind wir aber nicht. Unsere Familie ist eine böhmisch-deutsche und griechisch-levantinische Melange und hatte in Istanbul mit der türkischen Gesellschaft genauso wenig zu tun wie mit der griechischen oder der jüdischen dort. Umgang pflegten wir vor allem mit der deutschsprachigen Kolonie, mit Professoren und Diplomaten und Leuten aus der Wirtschaft, auch Emigranten gehörten dazu, Wissenschaftler, Künstler und so weiter, von denen viele seit der Nazizeit dort geblieben waren. Die griechischen Familien in Istanbul aber, die sprachen alle perfekt Türkisch und waren völlig integriert in der Gesellschaft, bis eben zu ihrem Rauswurf 1964.

Ferner: Dass ich eines Tages bereit sein würde, die Schuhe an der Wohnungstür auszuziehen, hatte ich mir damals nicht vorstellen können. Heute tue ich es selbstverständlich, zum Beispiel in Berlin, der Hunde-Stadt, zumal wenn kleine Kinder in der Wohnung mitleben.

Und apropos Hunde: Inzwischen gibt es auch in Istanbul viele, die Hunde halten, vor allem natürlich in den wohlhabenden Stadtteilen, die meisten aus Prestigegründen. Und den entsprechenden Markt dazu gibt es ebenfalls, inklusive Hundespazierführservice. Die herumstreunenden wilden Hunde hingegen sind verschwunden.

Auch die Hundehalterei ist ein Zeichen, neben vielen anderen, für die schier unglaubliche Prosperität, die die Stadt neuerdings erlebt, die ihr eine weitere Blüte beschert und ihren Glanz noch einmal wieder und völlig neu aufpoliert. Neu ist auch, dass auf Istanbuls Straßen Sprachen nicht nur aus der ganzen Welt zu hören sind, sondern auch wieder aus dem ganzen Land, laut und deutlich und ohne dass sich jemand daran stört.

Seit ein paar Jahren ist sogar eine Metro in Betrieb, die die modernen Stadtteile mit den alten verbindet. Und zurzeit, höre ich, wird ein Tunnel gebohrt zwischen Europa und Asien, eine unterirdische dritte Bosporus-Querung.

Und auch die Buchmesse findet nun nicht mehr im Zentrum, sondern außerhalb statt, weit draußen an der Peripherie – was nicht erstaunlich ist, da selbstverständlich auch dieser Markt wächst; jedoch schade, weil meine Namensschwester, nachdem sie die *Mitte der Welt* gelesen hatte, ausgerechnet die Istanbul-Buchmesse unbedingt zu besuchen wünschte zusammen mit mir.

Ihr danke ich, dass diese Geschichten nun als Buch erscheinen.

Und zusammen mit ihr werde ich – inşallah! – eines Tages nachsehen vor Ort, was heute in der schönen alten Kanonenkugelgießerei untergebracht ist. Und jene zwei weiteren Markierungen der Mitte der Welt, die es offenbar noch gibt, werden wir suchen und erkunden, von wem sie wann aufgestellt wurden. Und auch, nicht zuletzt, ob der kleine Granatapfelbaum dort am Bosporus noch steht oder ob er dem Metrobau zum Opfer fiel; was durchaus möglich wäre, sofern ich seinen Ort richtig erinnere.

U. P.
Ende November 2010

LITERATUR

Sait Faik, Ein Punkt auf der Landkarte, Erzählungen, Dağyeli Verlag Berlin 1991

Sait Faik, Ein Lastkahn namens Leben, Roman, dipa Verlag 1991

Nâzım Hikmet, Das schönste Meer ist das noch nicht befahrene, Liebesgedichte, Dağyeli Verlag Berlin 1989

Nâzım Hikmet, Die Namen der Sehnsucht, Gedichte, Amman Verlag 2008

Nâzım Hikmet, Die Luft ist schwer wie Blei, Gedichte, dtv 1992

Orhan Veli Kanık, Poesie, Suhrkamp Verlag 1966

Orhan Veli Kanık, Fremdartig / Garip, Gedichte, hg. Yüksel Pazarkaya, Dağyeli Verlag Berlin 2006